Zwillingsflammen

Das ultimative Handbuch für alle, die Ihre Zwillingsflamme anziehen wollen, mitsamt aller Anzeichen, die Sie kennen müssen und den Stadien der Beziehung

Inhaltsverzeichnis

Einleitung

Haben Sie schon einmal eine so starke Verbindung zu jemandem gespürt, dass Sie sich fühlten, als würde ein Blitz durch Ihren Körper zucken? Haben Sie schon einmal jemanden getroffen und nach nur fünf Minuten des Gesprächs das Gefühl gehabt, die Person schon ein Leben lang zu kennen? Wir alle knüpfen jeden Tag Verbindungen zu den Menschen, die uns umgeben. Manche dieser Interaktionen halten nur einen flüchtigen Moment lang an und nach wenigen Minuten vergessen wir sie wieder, während andere uns für immer in Erinnerung bleiben. Welche Menschen sind dazu bestimmt, eine wichtige Rolle in Ihrem Leben zu spielen, und welche sollten Sie hinter sich lassen und ohne Sie weiter durchs Leben ziehen?

Ständig wird uns gesagt, dass es da draußen eine Person gibt, die „die Richtige" für uns sei, aber stimmt das wirklich? Ist es möglich, dass es unter den Milliarden von Menschen auf der Welt nur eine Person gibt, die unser perfekter Partner sein kann? Bei Zwillingsflammen ist es tatsächlich so, dass es eine besondere Verbindung gibt, die auf Sie wartet. Seelenverwandte sind jedoch etwas anderes, und Lebenspartner... Nun, das ist eine ganz andere Geschichte!

Vielleicht glauben Sie an Zwillingsflammen, vielleicht aber auch nicht. Dieses Buch wird Ihnen das Wissen vermitteln, das Sie brauchen, um herauszufinden, warum bestimmte Menschen Ihr Leben auf unterschiedliche Weise beeinflussen können.

Wenn Sie Seelenverwandte oder Zwillingsflammen treffen, ist ihr gemeinsames Leben doch sicher vom ersten Moment an perfekt, oder nicht? Wenn das wahr wäre, wäre das Leben viel einfacher. Selbst die turbulenteste Beziehung kann von einem verbesserten Verständnis von der spirituellen Reise, auf der sie sich befinden, profitieren.

Kapitel 1: Was sind Zwillingsflammen?

Wenn Sie jemals jemanden getroffen haben, der Ihr Leben völlig verändert hat, könnte diese Person Ihre Zwillingsflamme gewesen sein. Wenn Sie eine hochgradige spirituelle Verbindung mit jemandem eingehen, kann das zu Liebe, Freundschaft oder einer Kombination der beiden Gefühle führen. Wenn Sie bereits eine Beziehung zu jemandem haben, die intensiv, lebensfördernd und spirituell ist, könnte es sich um eine Zwillingsflammenbeziehung handeln, die alle Hindernisse und schwierigen Umstände überdauert.

Um das Konzept besser zu verstehen, beginnen wir mit den Ursprüngen der Zwillingsflammentheorie. Wenn Sie den Hintergrund dieser Lehre besser kennen, sind Sie auch eher dazu in der Lage, die Verbindung, die Sie eines Tages mit einer Zwillingsflamme eingehen können, zu verstehen.

Die Geschichte der Zwillingsflammen Theorie

Wenn man die Ursprünge der Zwillingsflammentheorie besser verstehen will, muss man so weit in die Vergangenheit zurückgehen, wie es die historischen Aufzeichnungen erlauben. In fast allen Zivilisationen gibt es Beispiele für die Trennung der ursprünglich vereinten Seelen, doch der griechische Philosoph Platon liefert die deutlichste Erklärung dafür, wie die Seelen der Menschheit in zwei Teile geteilt wurden.

Platon lebte in der klassischen Periode des antiken Griechenlands und gründete eine Denkschule, die heutzutage einfach unter dem Namen „Platoniker" bekannt ist. Er verfasste einen als Symposion bekannten Dialog, in dem er erklärt, wie sich die Handlungen der Götter auf die Menschen auswirkten und warum deren oft drastisches Eingreifen nötig war.

Ursprünglich habe der Mensch vier Arme, vier Beine und zwei Arten von Genitalien besessen. Der Kopf habe aus zwei Gesichtern bestanden, und es habe drei Geschlechter von Menschen gegeben. Zwei dieser Geschlechter waren das traditionelle männliche und weibliche Geschlecht, während das dritte ein Zwitterwesen mit beiden Geschlechtsorganen war. In den Symposien erklärte Platon, dass diese ursprünglichen Menschen für die Götter und andere spirituelle Mächte höheren Dimensionen eine wichtige Arbeits- und Energiequelle darstellten, aber schnell selbst zu mächtigen Wesen wurden. Sie bedrohten die Götter, und es steht geschrieben, dass die völlige Ausrottung der Menschen von den Göttern erwogen wurde.

Da Zeus erkannte, dass die Götter dann keine Untertanen mehr gehabt hätten, die ihrem Willen folgeleisten konnten, fand er eine andere Lösung, um die Zahl der Arbeitskräfte zu erhöhen und gleichzeitig die Stärke der Menschen zu verringern. Er teilte die ursprünglichen menschlichen Körper in zwei Hälften. Jeder Mensch erhielt die Körperform, die wir heute kennen, mit zwei Armen und Beinen, nur einem Gesicht und einem Geschlechtsorgan.

Durch diesen Prozess verdoppelte sich zwar die Zahl der Menschen, doch die Kraft der Menschheit wurde insgesamt geschwächt. Die Götter hatten eine Sklavenform geschaffen, die kein Vergnügen kannte und der jeder Lebenswille fehlte. Die Menschen verhungerten ohne ihre Partner und starben langsam aus, was die Götter vor ein Rätsel stellte, das sie dringend lösen mussten. Apollo fand schließlich eine Lösung. Er nähte die ursprünglichen Menschenpaare spirituell zusammen und teilte sie dann so, dass ein spirituelles Band zwischen ihnen bestehen blieb, sodass sie einen Sinn für ihr Ziel im Leben und ein Verlangen nach ihrer Zwillingshälfte hatten. Er rekonstruierte die menschliche Form mit einem Bauchnabel, der zum erlösenden Zeichen dafür wurde, dass unsere Zwillingsflamme noch irgendwo auf der Welt existierte.

Jeder Mensch wurde dann wiedergeboren. In jedem Menschen entflammte der Wunsch, die eigene Zwillingsflamme zu suchen und mit ihr eine rekonstruierte Version des ursprünglichen Selbst zu bilden. Die Götter erkannten, dass das Verlangen und die Emanzipation die Menschen dazu brachten, auf einer höheren Ebene zu funktionieren, doch die Wahrscheinlichkeit, dass sie ihre Zwillingsflamme tatsächlich eines Tages wiederfinden konnten, war dabei eher gering. Dies entsprach dem Wunsch der Götter, denn hätten die Menschen ihr spirituelles Spiegelbild gefunden, wären sie zu einer mächtigen Kraft geworden, die es mit den Wesen, die sie regieren, den Göttern selbst, aufnehmen konnte!

Das typische Beispiel einer Zwillingsflammen-Beziehung

Die klassische griechische Geschichte liefert uns sogar ein Beispiel für den Archetyp eines heiligen Liebespaares – die Rede ist von der Beziehung von Aphrodite und Ares.

Ares ist dabei die göttliche männliche Zwillingsflamme und der Gott des Krieges. Aphrodite ist seine weibliche Zwillingsflamme und die Göttin der Liebe und Schönheit. Beide hätten sich eigentlich abstoßend finden müssen, da sie mit ihren Überzeugungen und Kräften polare Gegensätze darstellen. Aphrodite war mit einem mächtigen, aber hässlichen Gott namens Hephaistos verheiratet, der seine schöne und frustrierte Frau vernachlässigte und die Nächte in seiner Schmiedewerkstatt verbrachte. Ares und Aphrodite nutzten diese Situation aus und trafen sich jeden Abend bis zum Morgengrauen, um sich zu lieben.

Es ist gut überliefert, dass die griechischen Götter Affären mit anderen Menschen pflegten; sie verschrieben sich keiner Form der Treue. Als der Gott Helios die Liebenden in flagranti erwischte, erzürnte das Wissen um die Liebe zwischen Aphrodite und Ares die Götter, und sie bestraften die Liebenden, indem sie sie auf ewig trennten. Diese Zwillingsflammen ließen sich nicht durch Regeln auseinanderhalten, und selbst nach der göttlichen Entdeckung trafen sie sich regelmäßig und zeugten sieben Kinder! Zu diesen gehörte auch der Gott Eros, zu dessen Kräften die Liebe, die jugendliche Magie und Sex gehören. Er dient als kraftvolle Erinnerung daran, was passieren kann, wenn sich Zwillingsflammen fortpflanzen.

Manche Menschen glauben, dass eine Begegnung mit einer Zwillingsflamme automatisch zu einer romantischen Beziehung mit dieser Person führt. Das kann zwar stimmen, aber Ihre Zwillingsflamme könnte auch ein Freund, ein Mentor oder sogar ein Schüler sein. Zwillingsflammen treten oft in unser Leben ein, wenn wir verzweifelt nach Hilfe suchen. Sie bauen intensive Beziehungen zu uns auf, die uns dabei helfen, Zeiten der Not zu überstehen. Die Beziehungen zwischen Zwillingsflammen können so intensiv sein, dass es ungewöhnlich ist, dass sie ein Leben lang halten, so dass eine Trennung manchmal unvermeidlich wird.

Es ist in Ordnung, wenn Zwillingsflammenbeziehungen enden, denn ein so hohes Maß an Intensität kann auf Dauer ungesund sein. Wenn Zwillingsflammen sich trennen, ist das zwar schmerzhaft, aber die beiden Menschen bleiben jeweils mit wichtigen Antworten auf wichtige Lebensfragen und dem Gefühl zurück, ihrem kosmischen Partner begegnet zu sein.

Sind Sie bereits Teil einer Zwillingsflammen-Beziehung??

Haben Sie ein Yin zu Ihrem Yang bereits getroffen? Haben Sie eine Beziehung zu jemandem, der Sie vervollständigt?

Hier sind einige der häufigsten Anzeichen dafür, dass Sie bereits mit einer Zwillingsflamme verbunden sind:

1) Die Zeit spielt für Sie beide keine Rolle. Sie können stundenlang Zeit miteinander verbringen und werden dabei nie unruhig oder fühlen sich gelangweilt. Sie fragen sich beide, wo die Zeit geblieben ist, und doch fühlen Sie sich dazu bereit, den nächsten Tag genauso wie den

vorherigen zu verbringen.

2) Déjà vu: Bei Gesprächen entdecken Sie seltsame Übereinstimmungen in Ihren gegenwärtigen und früheren Lebenserfahrungen. Es scheint, als ob das Leben sich einen Weg gebahnt hätte, so dass Sie beide sich gegenseitig erreichen konnten. Sie sind dazu bestimmt, eine Beziehung zu führen.

3) Sie spüren beide eine magnetische Kraft, die bei Ihrer Begegnung förmlich in der Luft knistert. Sie spüren eine Verbindung zwischen Ihren körperlichen und geistigen Energien, und Sie haben ein unausgesprochenes gegenseitiges Verständnis.

4) Ihre Stärken sind ein perfekter Ausgleich für ihre Schwächen und umgekehrt. Zusammen haben Sie eine unanfechtbare Macht, vor der sich Ihre Gegner in Acht nehmen müssen und die praktisch unschlagbar ist.

5) Sie haben ein gemeinsames Ziel vor Augen. Die Ideen, die Ihnen am Herzen liegen, haben einen gemeinsamen Wert, und führen Sie zu einem Ziel, dass Sie beide gleichermaßen anstreben.

6) Als Zwillingsflammen kennen sie sich gegenseitig in- und auswendig, mit allen Fehlern, und urteilen nie über den anderen.

7) Sie werden oft offen unterschiedlicher Meinung sein, weil Sie sich sicher sind, dass Sie Ihre Differenzen immer klären werden, egal wie oft Sie sich streiten.

8) Sie sind auf vielen Ebenen miteinander verbunden. Zwillingsflammen können Partner, Freunde, Schultern zum Ausweinen oder auch Mentoren füreinander sein.

9) Sie haben Übereinstimmungen in Ihrem früheren Leben. Manchmal entdecken Sie unheimliche Parallelen in Ihrer persönlichen Geschichte; zum Beispiel könnten Sie beide während eines historischen Ereignisses wie 9/11 am selben Ort gewesen sein, ohne es zu merken.

10) Sie wachsen als Paar und werden verständnisvoller, verzeihender und einfühlsamer gegenüber anderen.

Warum wir die Beziehung zu unserer Zwillingsflamme brauchen

Im Gegensatz zu manchen anderen Überzeugungen sind wir auch ohne die spirituelle Verbindung zu unserer Zwillingsflamme vollständige Wesen. Wir alle haben eine vollständige Seele, die durch unsere eigenen Erfahrungen gestärkt werden kann, aber eine Zwillingsflammenbeziehung hilft uns dabei, eine andere Ebene zu erreichen. Diese Beziehungen helfen uns dabei, unser Ego aufzugeben und zu verstehen, was unsere Herzen zur Heilung brauchen. So können Sie den ersten Schritt tun, um ein spirituell ausgewogenerer Mensch zu werden.

Die Absicht, die hinter der Beziehung zu Ihrer Zwillingsflamme steht, kann unterschiedlich sein, aber sie wird unweigerlich zu einer harmonischen und ausgewogenen Verbindung mit einem positiven Ergebnis führen. So können beispielsweise Kinder gemeinsam großgezogen werden, es lässt sich ein gemeinsames Band knüpfen, das besonders dann wichtig ist, wenn es um ökonomische Entscheidungen geht. Eine solche Verbindung kann Ihnen dabei helfen, Ihre Angelegenheiten miteinander zu regeln oder einander eine spirituelle Unterstützung zu sein.

Manchmal kann man die Zeichen übersehen, die einen zu der eigenen Zwillingsflamme führen. Äußere Einflüsse können dazu führen, dass man sich unfähig fühlt, das Geschenk einer spirituellen Beziehung anzunehmen, und dass man für die Verbindung nicht empfänglich ist. Man kann von Emotionen überwältigt werden, die einen erschöpft und niedergeschlagen zurücklassen, so dass man die spirituellen Zeichen nicht erkennt, und es gar nicht merkt, wenn man sich in der Gegenwart einer Zwillingsflamme befindet. Vielleicht trauern Sie gerade oder fühlen sich, als steckten sie in einer schlechten Beziehung fest. Sollten Sie spirituellen Hilfsbedarf haben, könnte dies der Grund dafür sein, dass Sie die Anwesenheit einer Zwillingsflamme nicht erkennen.

Es spielt dabei keine Rolle, ob Sie eine neue spirituelle Verbindung suchen oder einfach nur neue Menschen treffen wollen; es ist vor allem wichtig zu wissen, wie Sie sich in

Gegenwart anderer Menschen fühlen. Das gilt auch für Personen, mit denen wir bereits zusammenleben oder die bereits ein Teil unseres Lebens sind. Solche Bekanntschaften könnten ein Teil unseres spirituellen Rückhalts sein, ohne dass Sie sich dessen bewusst sind!

15 Dinge, auf die Sie achten sollten, wenn Sie eine mögliche Zwillingsflamme treffen

1) Wenn Sie Zeit mit der Person verbringen, haben Sie immer das Gefühl, dass Sie etwas gelernt haben. Wenn Sie jemanden zum ersten Mal treffen und dabei das Gefühl haben, dass diese Person Ihnen etwas beibringen kann, ohne dass Sie sich unzulänglich oder inkompetent fühlen, dann sind Sie vielleicht einer Zwillingsflamme begegnet. Wenn Sie gleichzeitig auch das Gefühl haben, dass Ihr Wissen geteilt wurde, dass sie die Welt verändern könnten, und es mit jeder Herausforderung aufnehmen können, könnte es sich um Ihre spirituelle Zwillingsflamme handeln!

2) Sie haben sofort das Gefühl, dass sie dieser Person vertrauen können und fühlen sich bei der Person sicher. Wenn Sie jemanden treffen, der absolut vertrauenswürdig ist und Ihre Geheimnisse und Gedanken bewahrt, kann sich das anfühlen, als seien Sie nach langem Suchen nach Hause gekommen.

3) Sie wissen, dass die Person Sie nie verurteilen oder zurückweisen würde. Das heißt aber nicht, dass sie nicht ehrlich zu Ihnen ist oder Sie nicht mehr ernst nimmt, wenn Sie Fehler machen. Sie haben so viel Vertrauen in Ihre Beziehung, dass Ihre Zwillingsflamme wahrscheinlich die einzige Person ist, die Ihnen die ganze Wahrheit mit einer Klarheit sagen kann, die den meisten Menschen fehlt. Das liegt daran, dass sich Ihre Zwillingsflamme sicher ist, dass Sie die Wahrheit verkraften können. Die Person weiß, wie sie mit Ihnen zusammenarbeiten kann, um zu einem besseren Menschen zu werden. Sie beide wissen, dass ausreichend Potential unter der Oberfläche vorhanden ist.

4) Sie müssen nie eine Show für Ihre Zwillingsflamme veranstalten. Wenn Sie sich schlecht fühlen, können Sie sich auch so verhalten, und Ihr Gegenüber wird genau wissen, was zu tun ist. Sie werden Sie nie dafür beschimpfen, dass Sie völlig menschliche Gefühle haben, aber sie werden Sie auf Ihrer Reise begleiten, und Ihnen dabei helfen, sich diesen Gefühlen zu stellen.

5) Sie beiden haben dunkle und helle Seiten, die sich gegenseitig ergänzen. Wenn Ihre dunkle Seite überwiegt, zeigt ihre Zwillingsflamme Ihre helle Seite auf, um ein ausgeglichenes, harmonisches Gefühl zu erzeugen. Die Person weiß instinktiv, in welcher Stimmung Sie gerade sind. Sie kann sich in Ihre Aura einfühlen und dunkle und helle Seiten spüren, die sich gegenseitig ergänzen.

6) Man verliebt sich bedingungslos. Jeder Mensch liebt eine oder mehrere andere Personen, wie Eltern und Freunde, frühere Liebhaber oder Menschen, die eine wichtige Rolle im eigenen Leben gespielt haben, aber wenn man sich wirklich verliebt, ist das Gefühl ein anderes. Zwillingsflammen verlieben sich trotz der Konventionen und Umstände, die ihnen vorschreiben, dass ihre Verbindung falsch ist. Sie werden dabei weder von der Realität noch von der Vernunft beeinflusst. Das Herz will diese Beziehung, und sie entsteht als eine natürliche Entwicklung zwischen beiden Menschen.

7) Sie bekommen Angst vor der Beziehung und wollen aussteigen. In der Anfangsphase einer Zwillingsflammen-Beziehung können Sie sich von der Intensität und Tiefe Ihrer Gefühle überwältigt fühlen. Menschen können manchmal das Bedürfnis verspüren, vor einer Beziehung fliehen zu wollen. Stellen Sie sich einen Hasen und einen Fuchs vor – sie wissen sicherlich, wie ein Wettkampf zwischen diesen beiden Tieren ausgehen wird. Sie können wie verrückt herumrennen, der eine jagt den anderen, bis der Hase einen Haken schlägt und sich das Blatt wendet. Wir werden dieses Phänomen der Zwillingsflammen-Beziehungen im weiteren Verlauf des Buches noch genauer besprechen.

8) Sie fühlen sich nicht davon bedroht, Zeit getrennt voneinander zu verbringen. Sie wissen, dass Sie, wenn Sie nicht zusammen sind, miteinander verbunden sind und auf diese Weise eine Einheit bilden, aber Sie haben gleichzeitig noch immer einen Sinn für Freiheit und Unabhängigkeit. Zwillingsflammenbeziehungen sollten sich nicht so anfühlen, als würden sie Sie erdrücken; sie sollten stark genug sein, um fortzubestehen, auch wenn Sie nicht mehr zusammen sind. Wenn Sie jemanden treffen, der alles verkörpert, was Sie sich wünschen, und Sie trotzdem nie Angst haben, von der Person getrennt zu sein, könnte es sich um eine Zwillingsflamme handeln.

9) Sie sind fein auf die Energie des anderen eingestimmt. Wenn Sie eine spirituelle Verbindung haben, wissen Sie sofort, wie sich die andere Person fühlt. Sie wissen mit einem Blick, ob die Person glücklich, traurig, wütend oder aufgebracht ist, und Sie wissen, dass die Person Ihnen gegenüber das gleiche Maß an Empathie empfinden kann.

10) Sie spüren ein Gefühl der Vollkommenheit. Wenn Sie Ihr ganzes Leben lang auf jemanden gewartet haben, werden Sie sofort wissen, dass Ihre Suche beendet ist. Jeder weiß, dass Reisen anstrengend sein können, vor allem, wenn die Dauer der Reise zeitlich nicht festgelegt ist. Diese unerbittliche Suche nach einem Gefühl der Zusammengehörigkeit wird aufhören, wenn Sie Ihre Zwillingsflamme treffen. Sie werden das Gefühl haben, am Ziel angekommen zu sein, und Sie werden den Pfad der Entdeckung mit Freude verlassen.

11) Ihre Zwillingsflamme wird ein Spiegel für ihre Ängste und Sehnsüchte sein. Wenn Sie zum Beispiel eine kreative Seele sind, die mit jedem Medium Kunst und Schönheit erschaffen kann, dann wird Ihre Zwillingsflamme wahrscheinlich eher das Gegenteil von Ihnen sein und eher kein Interesse an den kreativen Künsten haben. Wenn Sie eine chaotische, unorganisierte Seele sind, dann wird Ihre Zwillingsflamme ein Ordnungsfreak sein, der von Ihnen ein hohes Maß an Organisation verlangt. Wenn Sie ein dramatischer Charakter sind, der in stressigen

Situationen überreagiert, wird er oder sie ein starker und willensstarker Partner sein, der gut dazu in der Lage ist, Sie zu beruhigen.

12) Ihre Beziehung zu Ihrer Zwillingsflamme wird Ihnen zeigen, wie oberflächlich Ihre anderen Beziehungen waren. Wenn Sie sich mit Ihrer Zwillingsflamme verbinden, werden Sie dabei eine Tiefe und Intensität spüren, die Sie noch nie zuvor gefühlt haben. Das bedeutet nicht, dass ihre früheren Beziehungen irrelevant sind; schließlich sollte uns jede Beziehung, die wir haben, etwas lehren. Es unterstreicht lediglich, dass spirituelle Verbindungen viel intensiver sind, als es physische oder familiäre Beziehungen jemals sein können.

13) Ihnen fällt nichts ein, was Sie an der anderen Person ändern würden. In einer Zwillingsbeziehung gibt es keine rosarote Brille, und Sie wissen beide, wie die andere Person tickt. Der Unterschied besteht darin, dass Sie die Schwächen zusammen mit den Qualitäten, die Sie beide mitbringen, akzeptieren. Sie wissen, dass Sie als Einheit spektakulär sind, und Sie wollen nichts daran ändern! Sie mögen sich beide auf unterschiedlichen spirituellen Stufen befinden, aber Ihr Hauptziel ist es, sich gegenseitig zu helfen, eine höhere Ebene zu erreichen und Ihre Bestimmung zu entdecken.

14) Es gibt kein Gefühl des Wettbewerbs. Wenn Sie eine Zwillingsflammen-Beziehung haben, werden Sie auch einen gesunden Respekt füreinander haben. Die Person wird Ihre Erfolge feiern, genauso wie Sie die ihrigen feiern werden. Es gibt keinen Platz für Neid und Missgunst, wenn es um den Erfolg im Leben geht. Sie können mehr oder weniger erfolgreich sein als Ihr Zwilling, aber das sollte nie zu einem Problem werden. Sie sollten nicht miteinander konkurrieren, sondern danach streben, als Paar gemeinsam besser zu werden.

15) Sie werden bald dazu bereit sein, sich voll und ganz für Ihre Beziehung einzusetzen. Das gilt nicht nur für romantische Beziehungen, denn das Wort „Engagement" kann für alle Formen von Partnerschaften gelten. Wenn

ein Freund sich für einen anderen Freund engagiert, bedeutet das, dass er für ihn da sein möchte, egal was passiert. Man weiß, dass man einem solchen Freund vertrauen kann, dass er einem den Rücken freihält. Ein solcher Freund lässt sich von einem Freund aus reiner Bequemlichkeit gut unterscheiden. Wahre Freunde sollten sich auf allerlei Art und Weise füreinander einsetzen; man sollte dabei nur erkennen, wem man wirklich wichtig ist. Ihre Zwillingsflamme würde Flüsse und Berge überqueren, um an Ihrer Seite zu stehen, wann immer Sie sie brauchen, und sie wird Ihnen zur Seite stehen, egal was passiert.

Das Wichtigste, was man wissen muss, um zu verstehen, was Zwillingsflammen sind und wie sie Ihr Leben beeinflussen, ist, sich daran zu erinnern, dass es Kräfte gibt, die größer sind als wir selbst. Sie sind vielleicht noch nicht bereit, sich auf diese besondere Art mit jemandem zu verbinden, aber es ist dennoch wichtig, die Zeichen zu verstehen, die Ihnen zeigen, wann sich die Gelegenheit bietet. Ihr Zwilling ist vielleicht noch nicht für Ihre Gefühle empfänglich, weil er sich noch nicht in einer Phase seines Lebens befindet, in der er Ihnen wirklich begegnen kann. Halten Sie durch, denn Ihre Zeit wird kommen, und in der Zwischenzeit werden Sie lernen, die anderen Menschen in Ihrem Leben und deren Gefühle Ihnen gegenüber besser zu verstehen.

Kapitel 2: Seelenverwandte vs. Zwillingsflammen

Was sind die Unterschiede zwischen diesen Beziehungsarten? Sie wissen bereits, was eine Zwillingsflamme zu einer Beziehung beiträgt. Was also bedeutet es für Sie, wenn Sie Ihre Seelenverwandten treffen?

Was sind Seelenverwandte?

Seelenverwandte sind Menschen, die in Ihr Leben treten und es tief beeinflussen. Sie sind auf Ihre Seele ausgerichtet und waren vielleicht sogar ein wichtiger Teil eines früheren Lebens. Genau wie Zwillingsflammen werden sie Sie bis zu einem gewissen Grad wiederspiegeln, und wenn Sie die Person ansehen, können Sie Ihre eigenen Schwächen und Stärken besser erkennen. Der Unterschied zwischen Seelenverwandten und Zwillingsflammen liegt jedoch in der Tiefe der Verbindung.

Sie haben nur eine Zwillingsflamme, die die andere Hälfte Ihrer Seele verkörpert, während Ihre Seelenverwandten Erweiterungen Ihres spirituellen Wesens sind. Sie werden in Ihrem Leben viele Seelenverwandte treffen, und diese werden in verschiedenen Formen auf Sie zukommen. Sie werden in Ihr Leben treten, um einige Dinge aufzurütteln und Ihr Leben sinnvoller zu gestalten. Sie können romantische Bindungen mit ihnen eingehen oder sie können einfach Freunde sein, die sich das Leben gegenseitig angenehmer machen.

Manchmal kann der Begriff *„Seelenverwandter"* eine Beziehung unter Druck setzen. Wenn eine Person die andere als Seelenverwandte bezeichnet, hat die andere Person oft Angst, dieser Erwartung nicht gerecht zu werden. Wahre Seelenverwandte sollten leichtere Beziehungen haben als andere Menschen und einen natürlichen Fluss des gemeinsamen Lebens ohne dunkle oder schwierige Aspekte genießen können. Beziehungen zwischen Seelenverwandten sind intensiv, aber freudvoll im Vergleich zu Zwillingsflammenbeziehungen, die oft heiß und voller extremer Emotionen sind. Ihr Seelenverwandter sollte Ihnen das Gefühl geben, ihm nahe sein zu wollen. Sie sollten sich in seiner Gesellschaft wohl fühlen.

Seelenverwandte können für längere Zeit in Ihr Leben treten und für Sie wie ein Fels in der Brandung sein, oder sie können der Katalysator sein, der eine Idee auslöst und dann innerhalb weniger Minuten wieder aus Ihrem Leben verschwindet. Seelenverwandte haben eine Beziehung des Gebens und Nehmens, und sie werden Sie manchmal aus Ihrer Komfortzone locken, wenn es nötig ist. Seelenverwandte sind dazu da, uns Lebenslektionen zu erteilen und unsere spirituelle Kraft zu stärken. Sie werden Ihnen dabei helfen, Ihr spirituelles Bewusstsein zu erhöhen. Zwillingsflammenbeziehungen beruhen hingegen auf Zusammenarbeit und sind dazu da, das spirituelle Bewusstsein der ganzen Welt zu erhöhen.

Sie werden während Ihrer Zeit auf der Erde viele Seelenverwandte treffen, aber es kann sein, dass Sie Ihrer Zwillingsflamme nie begegnen. Diese Aussage soll Sie nicht traurig machen. Ihre Zwillingsflamme ist ein besonderer Teil Ihrer Seele, aber Sie müssen sich nicht mit ihr verbinden, um ein erfolgreiches und erfülltes Leben zu führen. Sie sind auch ohne sie vollständig, so wie Sie sind, aber wenn Sie mit einer Zwillingsflamme gesegnet sind, dann werden Sie miteinander zusammenarbeiten, um eine intensive Energie zu erschaffen, die anstrengend und schmerzhaft sein kann, aber von der intensivsten Liebe erfüllt ist.

Die Zeichen dafür, dass Sie jemanden aus Ihrer Seelengruppe getroffen haben

Ihre Seelengruppe umfasst Menschen, zu denen Sie eine natürliche Verbindung haben. Sie werden sich mit ihnen auf einer mentalen, emotionalen, physischen und spirituellen Ebene verbinden, ohne zu wissen, warum. Die Energie zwischen Ihnen wird so stark schwingen, dass sie sich fast körperlich greifbar anfühlt. Seelenverwandte schaffen starke Bindungen, die die Zeit überdauern und Schwingungen erzeugen können, die Harmonie in der Seelengruppe schaffen werden.

Seelenverwandte in Ihrer Seelengruppe können unterschiedlicher Herkunft, Kultur und unterschiedlichen Geschlechts sein und kommen oft aus verschiedenen gesellschaftlichen und kulturellen Bereichen, die nichts mit Ihrem eigenen Hintergrund zu tun haben. Was sie jedoch gemeinsam haben, ist ein starkes Gefühl für gemeinsame Werte und Träume. Die Mitglieder Ihrer Seelengruppe glauben an die gleichen Dinge wie Sie, und sie teilen die gleichen Prinzipien und ethischen Grundsätze wie Sie.

Sie müssen für die Begegnung mit Mitgliedern Ihrer Seelengruppe offen sein, um von dieser Erfahrung zu profitieren. Die Mitglieder Ihrer Seelengruppe sind alle in Ihr Leben geschickt worden, um Ihnen dabei zu helfen, zu wachsen und Ihre Ängste zu überwinden. Wenn Ihr Geist durch negative Einstellungen blockiert wird, werden Sie nicht dazu in der Lage sein, die Begegnung mit Mitgliedern Ihrer Seelengruppe zu genießen. Viele spirituelle Traditionen glauben, dass die Hindernisse, mit denen wir im Leben konfrontiert werden, schon vor unserer Geburt vorbestimmt worden sind. Die Menschen, die als Teil Ihrer Seelengruppe in Ihr Leben treten, sind auserwählt, um Ihnen dabei zu helfen, diese Hindernisse zu überwinden und als spirituelle Wesen zu wachsen.

Wo Treffen Sie auf Mitglieder Ihrer Seelengruppe?

Dies ist eine der wichtigsten Fragen, die Sie sich stellen können, und manche Menschen werden Ihnen raten, dass Sie einfach überall suchen sollten. Doch wenn Sie sich für diesen Ansatz entscheiden, kann er Ihr Leben gänzlich beherrschen. Ihr spiritueller Weg ist vorgezeichnet, und die Chance, Mitglieder

Ihrer Seelengruppe zu treffen, wird sich Ihnen bieten, wenn Sie dazu bereit sind. Das bedeutet nicht, dass Sie sich zurücklehnen und Ihrer normalen Routine nachgehen sollten, ohne ihr Verhalten zu verändern; schließlich können Sie auch nicht im Lotto gewinnen, wenn Sie kein Los gekauft haben! Sobald Sie spüren, dass die Synchronizität Ihrer Seelengruppe Sie anzieht, müssen Sie bereit sein, die Gefühle anzunehmen und die Mitglieder Ihrer Seelengruppe zu suchen.

Dieser Prozess erfordert, dass Sie Ihrem Herzen erlauben, Ihren Kopf zu beherrschen und auf Ihr Bauchgefühl hören. Ihr Kopf ist mit all Ihren Ängsten und mit dem Bedürfnis nach Sicherheit gefüllt, dass Sie instinktiv auf einen sicheren und bequemen Weg führen sollte. Ihr Herz hingegen ist eher dazu geneigt, Sie aus Ihrer Komfortzone herauszulocken und auf einen neuen Weg zu führen. Versuchen Sie, Ihrer Intuition zu folgen, anstatt immer Ihren altbewährten Methoden den Vorzug zu geben. Lassen Sie sich auf neue Erfahrungen und die sich daraus ergebenden Möglichkeiten ein.

Wenn Sie neue Menschen kennen lernen und Ihren Horizont erweitern wollen, sollte das Internet der letzte Ort sein, an dem Sie damit beginnen. Online-Interaktionen sind nicht das, was Sie bei der Suche nach Ihrem Seelenverwandten weiterbringen kann. Trotzdem können Sie Onlineressourcen als Ausgangspunkt nutzen. Sie können neue Themen, Hobbys und Interessen recherchieren, um Ihre potenziellen Seelenverwandten durch neue Erfahrungen und Bekanntenkreise zu entdecken.

Erstellen Sie einen Online-Kurs für Menschen in Ihrer Umgebung, die sich für die gleichen Dinge interessieren wie Sie. Ein Koch- oder Kunstkurs könnte Ihnen eine Gelegenheit geben, um Gleichgesinnte treffen, die vielleicht zu Ihrer Seelengruppe gehören. Selbst wenn Sie nicht sofort eine Seelenverwandte oder einen Seelenverwandten finden, werden Sie neue Kontakte knüpfen und Ihren Bekanntenkreis vergrößern, was immer positiv ist.

Die örtliche Kirche kann ein idealer Ort sein, um Menschen zu treffen und ein aktiver Teil der Gemeinde zu werden. Ehrenamtliche Arbeit ist ebenfalls sehr lohnend und gibt Ihnen das Gefühl, etwas an die Gesellschaft zurückzugeben. Es kann mit zunehmendem Alter schwieriger werden, Freunde zu finden und neue Beziehungen zu knüpfen, also müssen Sie sich anstrengen und zu neuen Erfahrungen enthusiastisch „Ja" sagen. Hören Sie auf damit, viel Zeit auf den sozialen Netzwerken zu verbringen und Fotos von entfernten Bekannten zu liken. Konzentrieren Sie sich stattdessen auf die Menschen, denen Sie jeden Tag begegnen.

Woher wissen Sie, dass Sie jemandem aus Ihrer Seelengruppe begegnet sind?

1) **Der Augenkontakt zwischen Ihnen ist intensiv:** Wenn Sie jemandem in die Augen schauen und dabei eine Verbindung spüren, die sich vertraut und angenehm anfühlt, dann haben Sie vielleicht einen Seelenverwandten getroffen. Diese Personen haben eine Verbindung mit Ihrer Seele, die sich uralt und ungebrochen anfühlen kann. Diese Verbindung sollte sich nie unangenehm anfühlen.

2) **Die Person wird sehr auf Ihre Seele bedacht sein:** Die Mitglieder Ihrer Seelengruppe werden sich nicht für Ihren sozialen Status interessieren, und auch nicht z. B. dafür wie viel Geld Sie haben, Ihren Status im Beruf oder andere egozentrische Aspekte Ihres Lebens. Sie werden eher an Ihrem spirituellen Fußabdruck in der Welt interessiert sein. Rechnen Sie mit Gesprächen über Umweltfragen und bewusste Lebensführung, wenn Sie beginnen, Ihre gemeinsamen Interessen mit dem Mitglied Ihrer Seelengruppe zu teilen.

3) **Sie werden eine magnetische Anziehungskraft spüren:** Auch wenn Ihr Treffen nur kurz ist, werden Sie von der Person und ihrer Energie fasziniert sein.

4) **Sie teilen die gleichen Ansichten und Prioritäten:** Die Mitglieder Ihrer Seelengruppe werden Sie oft durch ihre Synchronizität mit Ihren Überzeugungen verblüffen. Sie sind mit Ihnen auf einer Wellenlänge und spiegeln den Inhalt Ihrer Worte und Gedanken wider.

5) **Sie haben eine zeitlose Beziehung zu der Person:** Von dem Moment an, an dem Sie einen Seelenverwandten treffen, fühlen Sie sich in seiner Gesellschaft wohl. Es gibt

keine anfängliche Unbeholfenheit oder Vorbehalte. Es fühlt sich an, als ob Sie diese Person schon Ihr ganzes Leben lang kennen.

6) **Die Person taucht in einem günstigsten Moment auf:** Sie mögen sich Ihres persönlichen Gefühls der Verbundenheit nicht bewusst sein, aber die Mitglieder Ihrer Seelengruppe werden instinktiv wissen, dass Sie bereit dazu sind, sie zu treffen. Es gibt zahlreiche Arten von Seelenverbindungen in Ihrer Seelengruppe, und diese werden Ihnen erscheinen, wenn Sie sie am meisten brauchen.

7) **Zeit spielt keine Rolle:** Man kann stundenlang mit Seelenverwandten zusammen sein, ohne zu merken, wo die Zeit geblieben ist. Es ist, als ob die Uhr, die Ihr Denken und Handeln steuert, vorübergehend stehen geblieben ist. Sie sind so sehr in Ihre Verbindung vertieft, dass Sie das Gefühl haben, nichts anderes sei wichtig, und Sie weigern sich, sich vom Leben ablenken zu lassen!

8) **Ihre Seelenverwandten werden Sie herausfordern, ohne Sie zu verurteilen:** Ihre Seelengruppe ist dazu da, Sie als Person und als geistiges Wesen wachsen zu lassen. Personen aus Ihrer Seelengruppe lieben es, Sie herauszufordern und Ihnen neue Erfahrungen zu ermöglichen, die Ihre Lebensfähigkeiten und Gefühle auf die Probe stellen. Sie werden Sie nie im Stich lassen und immer wissen, welche Form von Unterstützung Sie zu einem bestimmten Zeitpunkt brauchen.

9) **Ihre Seele wird sich wie energiegeladen anfühlen:** Wenn Sie jemanden aus Ihrer Seelengruppe treffen, wird sich Ihre Seele erfüllt anfühlen, so als ob Ihre Seele vor kurzem gut gesättigt worden sei.

10) **Sie können ganz Sie selbst sein:** Ihre Seelengruppe kennt Ihre wahre Persönlichkeit – Sie werden nie das Gefühl haben, sich verstellen zu müssen. Stattdessen können Sie einfach authentisch sie selbst sein, Mitglieder Ihrer Seelengruppe werden Sie nie dafür verurteilen.

Die 10 Arten von Seelenverwandten

Ihre Seelengruppe umfasst mehrere Arten von Partnern, daher ist es wichtig genau zu erkennen, wer in unserem Umkreis Teil unseres spirituellen Bewusstseins und unserer gemeinsamen Menschlichkeit sein kann.

1) **Seelenpartner:** Dies sind die häufigsten Arten von Verbindungen, die mit Menschen eingegangen werden, mit denen man sich auf eine Partnerschaft einlässt. Die meisten Menschen assoziieren diese Art von Seelenverwandten mit der Ehe und der Gründung einer Familie, aber es gibt viele andere Arten von Partnerschaften, die wir mit unseren Seelenverwandten schließen können. Die Gründung einer Seelengesellschaft mit jemandem kann zu einer Verbindung führen, die ihn zu einem Teil der eigenen Seelengruppe macht. Die Beziehung kann aber auch eher der zu einem geliebten Geschwisterkind ähneln, das uns ebenfalls ein Partner im Leben ist. Niemand kann allein durchs Leben gehen, und unsere Seelenpartner sind da, um uns daran zu erinnern, wie eng menschliche Leben miteinander verwoben sind.

2) **Reinkarnierte Seelenverwandte:** Wenn sich Seelen in diesem Leben wieder verbinden, kann das bedeuten, dass sie noch ungelöste Probleme aus ihren früheren Leben miteinander haben. Eine solche Begegnung kann auch bedeuten, dass die beiden Seelen schon vorher unzählige Leben miteinander verbracht haben. Wie auch immer es sein mag, diese Art der Verbindung ist eine der kraftvollsten in Ihrer Seelengruppe, aber Sie müssen Vorsichtsmaßnahmen für diese Art von Beziehung treffen. Versuchen Sie, alle Restgefühle aus früheren Leben zu ignorieren und ihre Verbindung zu der fraglichen Person nur auf Basis ihrer jetzigen Beziehung zu beurteilen. Das kann auch bedeuten, dass Sie Risse und Verletzungen in der Beziehung, die in einem frühen Leben entstanden sind, heilen können.

3) **Romantische Seelenverwandte:** Diese Beziehung kann so ähnlich wie die zu einem Seelenpartner sein, oder sie

kann Ihnen eine Gelegenheit bieten, durch die Beziehung zu wachsen und zu einem besseren Menschen zu werden. Jeder weiß, dass Romantik nicht die einzige Bedingung für eine erfolgreiche Beziehung ist, und diese Beziehungen dauern nicht immer lange an. Romantische Seelenverwandte helfen uns dabei, als Person zu wachsen und die guten und die schlechten Erfahrungen in unserem Leben gleichermaßen hinzunehmen. Ihr Partner kann dazu in der Lage sein, Ihnen verheerende Wunden zuzufügen oder Sie mit seinem Verhalten herauszufordern, aber er erfüllt am Ende immer einen Zweck in Ihrem Leben. Solche Beziehungen lehren uns wichtige Lektionen, die wir zur Verbesserung zukünftiger Beziehungen anwenden können, auch wenn wir uns gegebenenfalls von unserem Seelenpartner trennen mussten.

4) **Seelenverwandte als Gefährten:** Stellen Sie sich ein Leben vor, in dem alle Ihre Beziehungen entweder romantischer oder familiärer Natur sind. Das wäre doch die Hölle, oder? An wen würden Sie sich wenden, wenn Sie Rat oder Unterstützung von jemandem brauchen, der keine zwischenmenschlichen Beziehungen zu Ihnen hat? Ihr Seelengefährte oder Ihre Seelengefährtin bieten Ihnen diese Art von Unterstützung, die Sie brauchen, um Ihre irdische Odyssee fortzusetzen. Wäre Ihr Leben in Romanform geschrieben, würden manche Menschen Seelengefährten als Ihre spirituellen Handlanger bezeichnen. So können diese Personen nur für ein paar Monate oder für Jahrzehnte in Ihrem Leben sein, die Länge Ihrer gemeinsamen Zeit spielt keine Rolle. Diese Personen sind das Lebensblut, das Ihre Seele braucht, und sie leisten Ihrem Geist Gesellschaft.

5) **Seelenfamilien:** Der Begriff bezeichnet mitnichten Ihre eigentlichen Familienmitglieder, aber sie sind genauso wichtig wie Ihre Blutsverwandten. Bei Seelenfamilien handelt es sich um Menschen auf der ganzen Welt, die die gleiche Leidenschaft wie Sie für bestimmte Anliegen oder Aktivitäten teilen. Viele Menschen mit den gleichen

Leidenschaften wie Sie können ein Teil Ihrer Seelenfamilie sein. Spirituelle Gruppenmitglieder, die aktiv daran arbeiten, unserem Planeten Liebe und Frieden zu bringen, werden sich vielleicht nie begegnen, aber sie werden sich aufgrund der Tiefe ihres Engagements für die Sache trotzdem verbunden fühlen.

6) **Gleichgesinnte:** Diese Verbindungen können durch eine Gemeinsamkeit in ihrer Persönlichkeit entstehen, die zu gemeinsamen Erfahrungen führt. Gleichgesinnte sind nicht immer seelenverwandt im engeren Sinne, aber sie sind wichtig für Sie und Ihr Leben. Vielleicht haben Sie beide ähnliche Lebenserfahrungen gemacht, die Ihre Bindung stärken. Junge Mütter, die mit ihren Neugeborenen zu kämpfen haben, wenden sich an Gleichgesinnte, die sich in der gleichen Situation befinden. Menschen, die denselben Beruf ausüben, können Teil Ihrer Seelengruppe werden, weil sie die Spannungen und den Stress verstehen, die Ihr Beruf mit sich bringt. Es kann unglaublich befriedigend sein, Zeit mit einer Seele zu verbringen, die genau versteht, worum es Ihnen geht.

7) **Seelenverträge:** Dies ist nicht wirklich ein Teil Ihrer Seelengruppe, sondern eher ein Vertrag, den Sie mit sich selbst schließen. Sie werden ein aktives Mitglied Ihrer Seelengruppe und versprechen sich selbst, in diesem Leben etwas Monumentales zu tun. Sie können diesen Vertrag mit jemand anderem oder mit sich selbst eingehen. Allein das Wissen um die Tiefe der Verpflichtung wird Ihnen helfen, wenn Sie darum kämpfen, Ihre Ziele zu erreichen. Diese Erfahrung ist inspirierend und seelenerhebend.

8) **Seelen-Lehrer:** Diese Mitglieder Ihrer Seelengruppe werden geschickt, um Sie zu erziehen und zu belehren. Die Beziehung zu Ihnen können traditionelle Beziehungen sein, die Sie mit Ihren Lehrern eingehen, die Ihnen durch die Schule oder das Studium helfen. Sie können aber auch auf komplexeren Beziehungen beruhen. Wenn Sie eine Beziehung zu einer Person

aufbauen, die Ihnen den Weg in Ihrem Leben weisen kann, kann das eine magische Erfahrung sein. Uni-Professoren oder Berater können Seelenverwandte sein, die Sie nicht nur ausbilden, sondern Ihnen auch zeigen, wie wichtig Ihr Rat und Ihre Ratschläge für andere Menschen sein können. Sie haben ein Geschenk des Wissens und haben das dringende Bedürfnis, diese Gabe zu teilen.

9) **Seelische Kreuzungen**: Sie haben vielleicht das Gefühl, dass der wichtigste Teil Ihrer Seelengruppe die Menschen sind, die Ihr Leben lang für Sie da sind und Sie ständig begleiten. Das kann manchmal wahr sein, aber die flüchtigen Begegnungen mit Seelenverwandten können genauso wichtig sein. Die Redewendung „wie Schiffe, die in der Nacht vorbeiziehen" beschreibt diese Art von Begegnungen perfekt. So spüren Sie vielleicht eine intensive Verbindung zu der Person, aber die Zeit und der Ort sind nicht für eine langfristige Beziehung geeignet. Es könnte sich um jemanden handeln, den Sie im Urlaub kennenlernen und zu dem Sie sofort eine Bindung aufbauen, zu dem Sie aber nach Ihrer Rückkehr nach Hause den Kontakt verlieren. Seelische Kreuzungen können beispielsweise auch mit einem Liebhaber bestehen, bei dem eine unheilbare Krankheit diagnostiziert wurde und der einen Monat nach dem Treffen verstirbt.

Diese Verbindungen sollen Ihnen das Verständnis vermitteln, dass die Dauer bei seelischen Verbindungen keine Rolle spielt. Auch diese Erfahrungen sind ein wesentlicher Teil unserer Seelengruppe und können uns auch in kurzer Zeit Vieles lehren.

10) **Karmische Seelenverwandte**: Was bedeutet der Begriff „Karma" Ihrer Ansicht nach? Geht es um ein System, das auf Strafe und Belohnung beruht, bei dem das Universum Karma als Konsequenz für unsere Handlungen austeilt? Karma ist eine natürliche Energie, die von Ursache und Wirkung bestimmt wird, und die Mitglieder Ihrer Seelengruppe, die karmische Seelenpartner sind, werden

Ihnen dabei helfen zu wachsen und sich zu entwickeln. Sie treten in Schlüsselmomenten in Ihr Leben ein und helfen Ihnen dabei, die Richtung zu ändern. Sie können positive Beeinflusser sein, die Ihrer Seele dabei helfen, sich weiterzuentwickeln, oder sie können negative Kräfte auslösen, die Ihnen die Erkenntnis vermitteln, dass Ihr Leben Sie auf den falschen Weg geführt hat.

Unsere Seelengruppe bietet uns die nötige Unterstützung und Ermutigung, um das Leben zu meistern. Denken Sie daran, dass sich Ihre Seele immer nach neuen Erfahrungen sehnt und sich weiterentwickeln möchte. Wenn Sie Menschen erkennen lernen, die zu Ihrer Seelengruppe gehören, kann Ihnen dies die vorgesehenen Erkenntnisse über Ihr Leben erleichtern.

Was ist also der Unterschied zwischen Seelenverwandten und Zwillingsflammen? Sie haben mehrere Seelenverwandte und nur eine Zwillingsflamme. Die Intensität der Begegnung mit Ihrer Zwillingsflamme wird die Skala sprengen. Das Treffen mit einer Zwillingsflamme wird sich noch wesentlich intensiver anfühlen, als jede Verbindung zu einem Seelenverwandten es je sein könnte.

Kapitel 3: Zwillingsflammen als Lebenspartner

Wenn wir über archetypische Liebesbeziehungen nachdenken und darüber, wie Menschen ihre Partner beschreiben, wird häufig der Begriff „Lebenspartner" verwendet. Es entsteht das Bild von zwei Menschen, die sich treffen, sich verlieben, eine Familie gründen und dann gemeinsam alt werden. Lebenspartner sind dazu bestimmt, füreinander da zu sein, durch dick und dünn.

Ist es vor diesem Hintergrund also ideal, eine Zwillingsflamme als Lebenspartner zu haben? In den meisten Fällen ist die Antwort ein klares Nein. Zwillingsflammen sind zwei Teile derselben Seele und verbinden sich auf turbulente Weise, wobei leidenschaftliche und hoch aufgeladene Emotionen im Spiel sind. Sie können sich Ihre Zwillingsflamme nicht aussuchen; Sie beide sind auf einer spirituellen Ebene miteinander verbunden. Wenn es Ihnen bestimmt ist, sich zu treffen, werden Sie es tun. Zwillingsflammen bringen Sie oft an einen dunklen Ort und zwingen Sie dazu, Ihr Verhalten als Individuum zu überdenken.

Zwillingsflammen treten in Ihr Leben, um Sie zu einem stärkeren Individuum zu machen und Sie zu Ihren höchsten Höhen und tiefsten Tiefen zu führen. Die blinde Leidenschaft, die Sie für Ihre Zwillingsflamme empfinden, wird nicht immer sexueller Natur sein. Trotzdem werden Sie die andere Person in einem fast ungesunden Maße lieben und die Menschen in Ihrem

Umfeld werden Ihnen raten, die Beziehung zu verlassen. Wenn Sie sich mit Ihrer Zwillingsflamme verbinden, werden Sie sich fühlen, als sei in Ihrem Inneren eine Sucht entflammt. Sie sehnen sich nach einer Verbindung, bei der Sie jede freie Minute mit der Person verbringen können und diese Beziehung ist Ihnen wichtiger, als alle Ihre anderen Bekanntschaften.

Seelenverwandte sind ebenfalls wie durch Vorbestimmung miteinander verbunden. Mit Ihren Seelenverwandten teilen Sie gemeinsame Erfahrungen, die möglicherweise sogar Ihrem früheren Leben entstammen, und Sie werden oft in Ihr Leben geführt, um dort einem bestimmten Zweck zu dienen. Wenn Sie einen Seelenverwandten brauchen, kann er in jeder Art von Beziehung auftauchen und Ihnen zur Hilfe eilen. Seelenverwandte können bleiben oder verschwinden, sobald sie ihren Zweck erfüllt haben; bei Beziehungen mit Seelenverwandten geht es nicht immer um Langlebigkeit.

Was ist also der Unterschied zwischen diesen beiden Arten von Beziehungen zu Liebes - und Lebenspartnern? Alle Beziehungen, die Sie hatten, bevor Sie Ihren Lebenspartner getroffen haben, sollen Ihnen dabei helfen, die Qualitäten zu erkennen, die Sie bei der Wahl Ihres Lebenspartners berücksichtigen sollten. Die seelischen Wunden und der Herzschmerz, den Sie in der Vergangenheit erlitten haben, sind alle Teil des Prozesses, der Sie zu Ihrem idealen Lebenspartner führen soll. Sie gelten nicht nur als Wegweiser für romantische Beziehungen, sie können für vielerlei Art zwischenmenschlicher Verbindungen hilfreich sein.

Je mehr Sie die Liebe als treibende Kraft in Ihrem Leben akzeptieren, desto eher werden Sie dazu bereit sein, eine Vielzahl von Lebenspartnern zu akzeptieren, die Sie zu einem ausgeglichenen Individuum mit starken Beziehungen machen, die Ihnen Halt geben.

Definitive Arten von Partnerschaften, nach denen Sie Ausschau halten sollten:

1) **Partner:** Fangen Sie am besten mit der Suche nach einem traditionellen Lebenspartner an. Das kann zum Beispiel die Beziehung zu einem Freund, einer Freundin, einem Ehemann oder einer Ehefrau sein. Ihre Definition ihres

idealen Partners spielt dabei keine Rolle; der Begriff Lebenspartner ist unabhängig vom Geschlecht und von der Sexualität einer Person.

Wir alle suchen Liebe und Schutz. Wir alle haben das Bedürfnis nach einer sicheren Beziehung, in die wir uns zurückziehen können, wenn sich der Rest der Welt als zu herausfordernd erweist. Ein Lebenspartner wird für Sie da sein, wenn Sie ihn brauchen, und für immer für Sie da sein. Traditionell übernimmt der männliche Partner in der Beziehung zu seiner Frau die Rolle des „Helden". Er hilft seiner Partnerin in schwierigen Situationen, er „rettet" sie gewissermaßen vor allerlei Unannehmlichkeiten. Für den Mann ist diese Rolle angenehm, weil er biologisch darauf programmiert ist, seine Familie zu beschützen. Die moderne Welt, in der wir heute leben, hat sich allerdings weiterentwickelt. Frauen gelten nicht mehr als hilflose Burgfräulein, die auf eine Rettung durch einen männlichen Helden angewiesen sind. Tatsächlich sind sie genauso bereit dazu, wir ihre männlichen Kollegen, die Rolle der Beschützerin zu übernehmen, sollte es die Situation erfordern. Auch Frauen können sich für Gefährten stark machen, wenn diese Unterstützung brauchen.

Heißt das, dass man den Heldeninstinkt ganz ignorieren sollte? Nein, das soll man natürlich nicht! Er ist in der männlichen DNA angelegt, und Männer sollten sich oft in einer Art Heldenrolle fühlen dürfen, damit die Beziehung gesund bleibt.

Hier sind ein paar einfache Möglichkeiten, die Frauen dabei helfen können, ihren Männern das Gefühl zu geben, wahre Helden zu sein, ohne sich dabei lächerlich zu machen!

- **Achten Sie darauf, dass Ihr Partner im Schlafzimmer zufrieden ist:** Männer sind von Natur aus darauf programmiert, ihre Frauen im Bett bei Laune halten zu wollen. Selbst wenn Sie nicht voll bei der Sache sind, weil Sie müde oder einfach nicht in der richtigen Stimmung sind, sollten Sie Ihrem Partner gegenüber nicht abweisend wirken. Tun Sie so, als könnten Sie kaum die Finger von ihrem Geliebten lassen, was hoffentlich stimmt, und sagen Sie ihnen genau, was Sie an ihnen lieben. Experimentieren Sie im Bett und haben Sie dabei genauso viel Spaß bei der Wahl neuer Stellungen oder anderer Ideen, die Sie im Schlafzimmer ausprobieren wollen. Der beste Weg, um Männer bei Laune zu halten, ist ihnen zu versichern, dass sie Sie im Bett glücklich machen!

- **Bitten Sie um Unterstützung:** Wir alle wollen uns in unseren Beziehungen gleichberechtigt fühlen, aber bestimmte Aufgaben liegen Männern körperlich einfach besser. Wählen Sie die Aufgaben, die Ihren Stärken entsprechen, und bitten Sie ihn, Ihnen bei anderen Aufgaben zu helfen. Lassen Sie ihn Deckel von festzugeschraubten Gläsern öffnen oder bitten Sie um Hilfe, wenn es darum geht, schwere Sachen aus dem Auto zu holen. Warum sollten Sie sich mit diesen Aufgaben abmühen, wenn Sie jemanden haben, der Ihnen gerne weiterhilft?

- **Beschlüsse teilen:** Moderne Frauen haben ihr Leben so oft selbst in der Hand, dass sie, wenn sie eine Beziehung eingehen, ganz selbstverständlich den Entscheidungsprozess übernehmen wollen. Das kann für viele Männer frustrierend sein, aber sie ziehen es gleichzeitig oft vor, ein ruhiges und konfliktfreies Leben zu führen, anstatt sich auf Biegen und Brechen durchsetzen zu müssen. Frauen müssen dazu bereit sein, Entscheidungen gemeinsam zu treffen. Entscheiden Sie z. B. wohin sie in den Urlaub fahren wollen, oder in welchem Restaurant sie essen gehen wollen. Wenn Sie ihn nach seiner Meinung fragen, vermeiden Sie schwelenden Groll und werden vielleicht sogar angenehm überrascht von dem, was er zu sagen hat!

2) **Mentor:** Diese Rolle ist typisch für eine andere Form von Lebenspartner. Dieser Partner ist wie der Fels in der Brandung, an den man sich anlehnen kann, wenn man einen Rat braucht, der praktisch ist und von Herzen

kommt. Manche Menschen erwarten fälschlicherweise, dass ihr romantischer Lebenspartner alle wichtigen Rollen in ihrem Leben übernimmt, was die Beziehung unter Druck setzt und zum Scheitern bringen kann. Diese Art Lebenspartner kann eine wichtige Rolle in Ihrer Ausbildung spielen, vielleicht handelt es sich um einen Dozenten oder Lehrer an Ihrer Schule oder Hochschule, der Sie auf den Lebensweg gebracht hat, auf dem Sie sich heute befinden.

Es könnte auch eine Person sein, die Sie am Arbeitsplatz getroffen haben, beispielsweise ein Kollege, der Sie unter seine Fittiche genommen und sein Wissen mit Ihnen geteilt hat. Mentoren gibt es in allen Größen und Formen. Einige werden Sie Ihr ganzes Leben lang begleiten, während andere sich vielleicht nach einer Weile zurückziehen. Auch diejenigen, zu denen Sie den Kontakt verlieren, können als Lebenspartner betrachtet werden. Sie haben die Beziehung schließlich nicht aufgrund von Zorn oder durch eine Meinungsverschiedenheit verlassen und können noch immer jederzeit um Rat gefragt werden.

3) **Anker:** An wen wenden Sie sich, wenn Ihr Leben aus den Fugen gerät oder Sie jemanden brauchen, an den Sie sich wenden können, wenn Ihre Beziehung in Aufruhr ist? Ihr Anker ist die Person, die für Sie da ist, wenn Sie Hilfe brauchen, egal zu welcher Zeit oder unter welchen Umständen. Sie vertrauen dieser Person und haben sie aufgrund ihrer Intuition und ihres Denkvermögens zu Ihrem Lebenspartner gemacht. Bei der Beziehung zu Ihrem Anker geht es nicht darum, dass Ihr Anker Ihnen in allen Dingen zustimmt und Sie unterstützt. Stattdessen haben Sie beide eine Beziehung, die Ihnen dabei hilft, alle Sichtweisen auf ein Problem zu berücksichtigen. Anker werden Ihnen oft Ansichten mitteilen, die Sie vielleicht nicht immer hören wollen. Sie können Ihnen Halt geben und dabei helfen, sich in Ihrem Leben gut erreichbare Prioritäten zu setzen.

4) **Vertrauter:** Diese Art von Lebenspartner ist derjenige, dem Sie Ihre tiefsten, dunkelsten Geheimnisse erzählen. Sie wissen, dass die Beziehung zu dieser Person unzerstörbar ist und dass Ihre Geheimnisse bei Ihrem Vertrauten sicher sind. Sie wissen, dass Sie mit ihm über Dinge sprechen können, die andere vielleicht schockierend finden. Sie können der Person zum Beispiel sagen, was Sie wirklich von der Frau bei der Arbeit halten, die vermeintlich von allen ihren Kollegen sehr gemocht wird, von der Sie aber persönlich nicht viel halten. Ihre Vertrauensperson wird Sie nicht verurteilen oder Ihnen vorwerfen, dass Ihre Ansichten Sie zu einem bösen Menschen machen. Wahrscheinlich hat er oder sie genauso bissige Dinge über andere Menschen zu sagen, die Sie beide kennen, so dass Sie beide gemeinsam über Ihre Ansichten lachen können. Manchmal tut es gut, eine Person zu haben, mit der man seine ehrliche (wenn auch teilweise gemeine) Meinung teilen können. So vermeiden Sie es, dem Groll bei der Arbeit Luft zu machen und möglicherweise auf Unverständnis zu stoßen. Wir alle haben das Bedürfnis, ab und zu Dampf ablassen zu müssen, und Ihre Vertrauensperson wird das gut verstehen.

Der Hauptunterschied zwischen Seelenverwandten, Zwillingsflammen und Lebenspartnern liegt in der Art der Verbindung, die Sie gemeinsam eingehen. Seelenverwandte und Zwillingsflammen kennen Sie automatisch gut. Sie verstehen, was Sie antreibt und wie Ihr spirituelles Wesen funktioniert. Lebenspartner müssen Sie erst kennen lernen. Sie gehen eine Beziehung mit Lebenspartnern ein, mit denen Sie nicht die gleiche Vorgeschichte haben, wie bei den Beziehungen zu Seelenpartnern und Zwillingsflammen.

Sie werden nicht sofort eine tiefe Verbundenheit empfinden; es kann sogar sein, dass das Gefühl der Verbundenheit nie eintritt. Das muss keine schlechte Sache sein. Tiefe spirituelle Beziehungen bringen oft viel Ballast mit sich. Es sind intensive Emotionen im Spiel, sowohl in diesem als auch in früheren Leben, die beide Partner beeinträchtigen können. Diese

Beziehungen sind dazu bestimmt, Ihre Grenzen zu testen, und verursachen oft intensive Gefühle und Herzschmerz.

Lebenspartner sind Menschen, mit denen Sie viel gemeinsam haben. Zu solchen Personen spüren Sie eine tiefe Liebe, die sich manchmal erst mit der Zeit entwickeln muss. Spirituelle Verbindungen fühlen sich eher wie ein Energieschub an, der unerklärlich ist und Sie bis ins Innerste Ihres Wesens erschüttern kann. Lebenspartner brauchen eine Liebe, wie die zu einer Pflanze. Pflanzen müssen mit Nährstoffen gefüttert und gegossen werden, unter diesen Umständen können sie über die Jahre hinweg wachsen. Wenn man sie richtig behandelt und pflegt, können sie blühen und gedeihen und gleichzeitig starke Wurzeln schlagen. Wenn Sie sich richtig um ein Pflanze kümmern, werden Sie bald die Früchte Ihrer Arbeit ernten.

Das vielleicht Wichtigste bei der Beziehung zu einem Lebenspartner ist, dass Sie eine Wahl treffen. Zwillingsflammen und Seelenverwandte haben eine vorbestimmte Rolle in Ihrem Leben zu spielen, daher sollten Sie die Rolle Ihres Lebenspartners an anderer Stelle ansiedeln. Lebenspartner haben einen Einfluss auf Ihre Persönlichkeit und Ihre Lebensentscheidungen und spiegeln die Werte und Qualitäten wider, die Sie selbst auch vertreten.

Denken Sie daran, dass eine Zwillingsflamme oder ein Seelenpartner Ihnen oft Schmerz zufügen können, das verlangt die natürliche Ordnung der Dinge. Darin liegt auch der Hauptgrund dafür, dass Sie den Kontakt zu ihnen oft irgendwann abbrechen müssen. Ein Lebenspartner ist hingegen jemand, mit dem Sie Ihr Leben verbringen würden, und Sie vertrauen darauf, dass er Ihnen keinen Schmerz zufügt, auch wenn einige Lebenspartner ihre Partner manchmal trotzdem verletzen.

27 Eigenschaften, die ein Lebenspartner haben sollte

1) **Eine gute Vorstellung davon wer Sie sind und was Sie brauchen:** Sie brauchen jemanden, der eine gefestigte Persönlichkeit hat. Wenn Sie mit einem Lebenspartner eine Beziehung eingehen, muss dieser ebenfalls in der richtigen Verfassung sein, um sich emotional an Sie binden zu können. Wenn Ihr Lebenspartner Sie braucht, um sich selbst zu finden, dann werden Sie wahrscheinlich Ihre ganze Zeit damit verbringen, ihren Partner zu unterstützen, und das ist nicht gesund.

2) **Ehrlichkeit:** Wir alle erzählen manchmal Notlügen und wissen, wie wir unseren Partnern gegenüber fest ehrlich sein können, oft können wir uns die Wahrheit etwas zurechtbiegen. Sollten Sie Ihrem Partner ehrlich sagen, wie sehr Sie seine neue Frisur oder sein neues Outfit hassen? Nein, natürlich nicht! Man sollte mit Takt und Diplomatie vorgehen, um die Gefühle des Partners nicht zu verletzen. Der Anstand fordert im Leben manchmal die ein oder andere Notlüge. Über etwas Wichtiges lügen ist aber etwas anderes. In dem Moment, in dem Ihr Partner Sie anlügt, riskiert er, dass Sie all Ihr Vertrauen und Ihren Respekt vor ihm verlieren.

3) **Freude:** Sie müssen jedes Mal ein Gefühl der Freude empfinden, wenn Sie diese Person sehen. Wenn Sie etwas anderes als wahre Freude in der Gesellschaft dieser Person empfinden, dann sollte dir Person lieber kein Lebenspartner für Sie werden.

4) **Moral:** Wählen Sie Lebenspartner, die an denselben Moralkodex glauben wie Sie, das ist auf jeden Fall der richtige Ansatz. Achten Sie darauf, dass Sie einige gemeinsame Kernprinzipien haben, bei denen Sie niemals Kompromisse eingehen würden. Selbstverständlich können Sie unterschiedliche Überzeugungen und Ziele zu haben, aber Sie sollten ein Minimum von Integrität teilen.

5) **Verantwortung:** Sie müssen sich für Menschen entscheiden, die für das Glück in ihrem eigenen Leben genauso Verantwortung übernehmen können, wie sie für das Ihre. Außerdem müssen Ihre Lebenspartner dazu bereit sein, in Sie zu investieren und für Sie da zu sein, wenn Sie sie brauchen.

6) **Ein gemeinsamer Sinn für Humor:** Jeder hat andere Dinge, die ihn zum Lachen bringen, aber Sie brauchen auf jeden Fall einen Lebenspartner, mit dem Sie gemeinsam lachen und lustige Dinge teilen können. Achten Sie darauf, dass Ihr Partner sich selbst nicht zu ernst nimmt und auch manchmal über das Leben lachen kann. Sie werden diesen gemeinsamen Sinn für Humor brauchen, wenn die Zeiten hart werden.

7) **Innere Stärke:** Wenn Sie sich schwach oder verletzlich fühlen, müssen Sie wissen, dass Ihr Lebenspartner dazu in der Lage ist, Sie zu beschützen. Diese Stärke kann sowohl körperlich als auch geistig vorhanden sein. Manchmal muss man einfach selbst derjenige sein, der umsorgt wird, das kann sehr angenehm sein!

8) **Vertrauensfähigkeit:** Manche Menschen sind nicht dazu bereit, sich auf andere zu stützen, und es fällt ihnen schwer, anderen Menschen zu vertrauen. Eine ausgewogene Beziehung bedeutet, dass beide Partner stark sein können, wenn es nötig ist. Ihr Lebenspartner muss sich in einer Position befinden, in der er Ihnen vertrauen kann, und in der er weiß, dass Sie die Führung übernehmen können.

9) **Reife:** In einer liebevollen Beziehung müssen Sie beide an demselben Punkt der emotionalen Entwicklung stehen. Mentoren und ihre Bezugspersonen können unterschiedlicher Reife sein, aber in einer Liebesbeziehung müssen Sie beide erwachsen sein. Unreife ist keine attraktive Eigenschaft für einen Lebenspartners, und wird in der Regel rasch zu einem Problem. Schließlich wollen Sie Ihrem Partner nicht beim Erlangen seiner emotionalen Reife helfen müssen.

10) **Kompatibilität**: Ob Sie beide kompatibel sind, sollte vom ersten Tag Ihrer Begegnung an klar sein. Wenn Sie sich unmittelbar über einfache Dinge streiten, dann ist die Chance auf eine erfolgreiche Lebenspartnerschaft gering. Sie können Kompatibilität nicht mit der Zeit erzwingen, weil sie ein grundlegender Bestandteil einer jeden Beziehung ist.

11) **Unabhängigkeit**: Eine erfolgreiche Beziehung bedeutet, dass es kein Problem ist, wenn einer von Ihnen gerne etwas Zeit allein verbringen möchte. Lebenspartner sollten getrennte Interessen und Hobbys haben und sich darüber im Klaren sein, dass Unabhängigkeit in einer Beziehung viel wert ist. Geben Sie niemals Ihre Identität auf, um ein harmonischer Teil eines Paares zu werden. Ihre Identität und Ihre Unabhängigkeit sollten das sein, was Sie für Ihren Lebenspartner so attraktiv macht. Die Unabhängigkeit sollte einer der Hauptgründe dafür sein, dass er gerne Zeit mit Ihnen verbringt.

12) **Das Gleiche Maß an Zuneigung**: Vermeiden Sie Menschen, die sich nicht binden wollen. Eine Beziehung kann nur wachsen, wenn Sie beide an einem Strang ziehen. Das bedeutet nicht, dass Sie die Dinge zu schnell angehen müssen, aber Sie müssen wissen, dass ein Lebenspartner Sie nicht im Stich lassen wird, sobald es mit der Beziehung ernster wird.

13) **Verletzbarkeit**: Wenn jemand seine emotionalen Mauern hochgezogen hat, werden Sie nicht dazu in der Lage sein, eine erfüllende Beziehung zu ihm aufzubauen. Menschen sind von Natur aus verletzlich, und obwohl es wichtig ist, Barrieren zu haben, muss man auch wissen, wann man sie fallen lassen kann. Das gilt auch für Beziehungen: Wie soll man jemandem nahekommen, der abweisend und verschlossen ist?

14) **Diskussionsvermögen**: Auch wenn Lebenspartner nicht so streitlustig sind wie Zwillingsflammen oder Seelenverwandte, wird es unweigerlich zu Differenzen kommen. Sie müssen wissen, dass Ihr potenzieller Lebenspartner die Dinge so regeln kann, dass Ihre

Beziehung für Sie beide gut funktioniert. Wenn er dazu neigt, zu schmollen oder zu schreien, ohne Probleme lösen zu wollen, dann wird dieses Verhalten Sie beide auf Dauer frustrieren. Niemand möchte sich endlos über dieselben Dinge streiten.

15) **Bescheidenheit:** Es ist zwar so, dass Selbstsicherheit durchaus eine attraktive Eigenschaft ist, aber Selbstsucht kann sehr viel weniger attraktiv sein. Bescheidenheit ist eine wichtige Eigenschaft eines guten Lebenspartners – schließlich würde eine Person, die sich ihrer Fehler bewusst ist, keinesfalls fälschlicherweise Ihnen die Schuld an allen Problemen in Ihrer Beziehung geben.

16) **Zuneigung:** Manche Menschen zeigen ihre Gefühle gerne in der Öffentlichkeit, während andere eher diskret sind. Beide Präferenzen sind in Ordnung, aber stellen Sie in jedem Fall sicher, dass Ihr potenzieller Lebenspartner die gleiche Einstellung hat wie Sie. Wenn Ihr Lebenspartner gerne in der Öffentlichkeit Händchen hält und sich küsst, Sie das aber weniger gerne tun, wird das zu Problemen führen. Ebenso werden Sie sich vernachlässigt fühlen, wenn Sie sich öffentliche Zuneigungsbeweise wünschen und er Ihnen diese nicht geben will.

17) **Einfühlungsvermögen:** Lebenspartner müssen für Sie da sein, daher ist die Fähigkeit, Empathie zu zeigen, von entscheidender Bedeutung. Ihre Lebenspartner verstehen vielleicht nicht immer ganz, was Sie durchmachen, aber sie sollten dazu in der Lage sein, Sie zu trösten und dafür sorgen können, dass Sie sich bald besser fühlen.

18) **Realistische Erwartungen:** Wenn Sie eine liebevolle Lebenspartnerschaft eingehen, müssen Sie sich darüber im Klaren sein, was Sie sich von dieser Beziehung erhoffen. Wenn zum Beispiel einer von Ihnen damit zufrieden ist, in einem gemütlichen Familienhaus zu leben und eine reguläre 40-Stunden-Woche zu arbeiten, um die monatlichen Rechnungen zu bezahlen, und der andere der Geschäftsführer seines eigenen Unternehmens sein möchte und bereit ist, für dieses Ziel 18 Stunden am Tag zu arbeiten, dann kann das nur zu Konflikten führen.

Manche Paare schaffen es, eine solche Herausforderung zu meistern, aber beide Partner müssen wissen, was in der Zukunft auf sie zukommt und welche Zugeständnisse sie ihrem Partner aller Wahrscheinlichkeit nach machen müssen.

19) **Gesunde Ansichten zu Beziehungen:** Das bedeutet nicht, dass sie stets perfekte Dating-Erlebnisse vorweisen müssen; schließlich kann es in Beziehungen aus allerlei Gründen mal daneben laufen. Allerdings sollten Sie einen gewissen Sinn für Familie haben - wie sich dieser genau ausdrückt, ist dabei nicht so wichtig. Beispielsweise kann es sein, dass Sie eine gute Beziehung zu Ihrer eigenen Familie haben, oder sich gut mit Ihren Kollegen verstehen. Vermeiden Sie Partnerschaften mit Menschen, die sonst keine engen Beziehungen zu ihren Mitmenschen haben. Derart isoliert zu leben ist nicht normal und kann ein Hinweis darauf sein, dass die Person schlecht dazu in der Lage ist, soziale Kontakte zu knüpfen.

20) **Offenheit:** Niemand wünscht sich einen sturen Partner. Sie sollten wissen, dass Sie in Ihrer Partnerschaft wachsen müssen und sich auf neue Ideen und Erfahrungen einlassen sollten.

21) **Treue:** Ohne Treue wird eine jede Liebesbeziehung scheitern. Selbst wenn sich beide Parteien ursprünglich auf eine „offene" Beziehung eingelassen haben, werden die Risse in der Beziehung schnell sichtbar. Sie müssen wissen, dass Ihr Partner Ihnen immer noch treu ist, auch wenn er gerade nicht an Ihrer Seite ist.

22) **Gegenseitige sexuelle Begierde:** Partnerschaften in Ihrem Liebesleben gedeihen oft besser, wenn eine gesunde Portion Lust mit im Spiel ist! Sie sollten sich vergewissern, dass die Anziehungskraft, die Sie empfinden, auf Gegenseitigkeit beruht und dass Sie sich beide gleichermaßen jederzeit die Kleider vom Leibe reißen wollen. Sie sollten Ihren potenziellen Partner auch dann noch attraktiv finden, wenn dieser sich beispielsweise aufgrund einer Krankheit unattraktiv fühlt.

23) Neugierde: Eine natürliche Neugierde ist ein wichtiger Teil einer erfolgreichen Lebenspartnerschaft. Neugier kann Ihnen beiden versichern, dass Sie des Lebens nicht so schnell müde werden. Sie sollten sich einen Partner aussuchen, der Sie bei den Abenteuern des Lebens begleitet und auch für die Zukunft ein perfekter Begleiter bleibt.

24) Flexibilität: Sie sollten sich sicher sein, dass Ihr potenzieller Lebenspartner weiß, dass das Leben voller Gelegenheiten ist, und dass er manchmal alles stehen und liegen lassen muss, um mitzumachen! Das Leben ist eine Abfolge von natürlichen Ereignissen und sollte voller Spontanität sein. Wenn Sie zu sehr damit beschäftigt sind, Pläne zu machen, wird es an Ihnen vorbeiziehen.

25) Vergeben: Niemand ist perfekt, und Sie werden manchmal Fehler machen, die Ihren Partner verletzen werden. Ihr potenzieller Lebenspartner muss ein toleranter Mensch sein, der nicht nachtragend ist und gerne dazu bereit ist, Ihnen zu verzeihen.

26) Genießen Sie die kleinen Freuden des Lebens: Das Leben ist oft nicht gerade voll von großen, monumentalen Erlebnissen, sondern meist alltäglich und ereignislos. Wenn Ihr Lebenspartner also eine positive Seele ist, die Freude an alltäglichen Erfahrungen und Begegnungen hat, wird er auch Freude in Ihr Leben bringen. Ein Stück Pizza zu teilen oder den Sonnenuntergang am Abend zu beobachten, mag nicht gerade lebensentscheidend erscheinen, aber wenn man es mit seinem Lebenspartner genießt, können auch solche Erfahrungen unschlagbar sein!

27) Kommunikation: Kommunikation ist der Grundstein aller Beziehungen. Ihr Lebenspartner sollten wissen, wie sie Sie auf allen Ebenen erreichen können. Er sollten wortgewandt, gebildet und insgesamt ein guter Kommunikator sein, denn Sie brauchen Menschen, die wortgewandt und offen für einen Diskurs sind.

Kapitel 4: Stufe 1: Die Suche

Wenn Sie fieberhaft nach etwas suchen, kann das zu einer wahren Mission werden. Vielleicht sind Sie gerade auf der Suche nach Ihrer perfekten Wohnung, was bedeutet, dass Sie Ihre ganze Zeit damit verbringen, online nach Angeboten zu suchen, Bezirke zu besuchen oder ziellos durch die Gegend zu fahren und nach Immobilienschildern Ausschau zu halten. Sie wissen, was Sie wollen und wo Sie danach suchen müssen, aber die Suche kann dazu führen, dass Sie an nichts anderes mehr denken können. Wenn das passiert, könnte es sein, dass Sie andere Bereiche Ihres Lebens vernachlässigen.

Vielleicht haben Sie diese Art von Besessenheit schon einmal erlebt und denken, dass es sich dabei um die perfekte Strategie handelt, um nach Ihrer Zwillingsflamme zu suchen. Nun, ich möchte einmal etwas klarstellen: Die Suche nach Ihrer Zwillingsflamme ist ein langwieriger Prozess, der sich von allen anderen Herausforderungen unterscheidet, die Sie zuvor erlebt haben. Sie sind schließlich nicht auf der Suche nach einem bestimmten Objekt oder nach etwas, das für Ihr tägliches Leben wichtig ist. Sie suchen nach einer Person, die eine spirituelle Verbindung mit einem Teil Ihrer Seele hat, der viele Jahrtausende lang von Ihnen getrennt worden ist. Die Chancen, dass Sie beide sich wiederfinden, sind gering. Heißt das, dass Sie es gar nicht erst versuchen sollten? Wenn die Chancen auf ein Treffen so gering sind, warum sollten Sie sich dann überhaupt die

Mühe machen?

Natürlich gibt es Menschen, die der Suche nach einer Zwillingsflamme ablehnend gegenüberstehen, aber wenn Sie persönlich sich dafür entscheiden, eröffnen Sie sich die Möglichkeit, die erfüllteste Beziehung Ihres Lebens zu führen. Sie könnten die ultimative Form eines spirituellen Feuerwerks und die intensivsten Gefühle erleben, die man sich nur vorstellen kann. Was meinen Sie, lohnt sich die Suche, wenn das der potenzielle Gewinn ist? Lassen Sie uns einige Rahmenbedingungen klären. Wir müssen sicherstellen, dass Sie auf die erste Stufe der Zwillingsflammenentwicklung vorbereitet sind.

Zuerst müssen Sie das Grundprinzip des göttlichen Timings verstehen. Dabei geht es um den Prozess, der die Reise der Zwillingsflamme in Ihr Leben hinein bestimmt. Leider steht unsere moderne Art und Weise, unser Leben zu leben im Widerspruch zu den Voraussetzungen für das göttliche Timing. Wenn Sie mit der Zeit Ihre Denkweise ändern und gesündere Gedanken über die Reise zu Ihrer Zwillingsflamme annehmen können, wird der Prozess weniger beunruhigend.

Die häufigsten Missverständnisse über das göttliche Timing, und wie man sie überwinden kann

Missverständnis #1: Sie müssen sich selbst und Ihr Umfeld verändern, um das göttliche Timing geschehen zu lassen.

Denken Sie einmal darüber nach, wie wir unsere physische Welt normalerweise wahrnehmen. Was können wir ändern, um unsere Umstände und unsere Leistungsfähigkeit zu verbessern? Wir müssen intensiv an uns arbeiten und uns der Suche nach Erfolg widmen. Wir müssen bei allem, was wir tun, 110 % geben, und nur dann können wir erwarten, für unsere Bemühungen eines Tages belohnt zu werden. Wir denken oft, dass wir unsere ambitioniertesten Ziele nur durch unseren Einsatz und unsere Hingabe erreichen können. Die Dinge, für die wir nicht kämpfen mussten, sind weniger wertvoll. Diese Herangehensweise mag sich für den Erfolg in unserer modernen Welt bewähren, aber die spirituelle Welt ist ganz anders.

Geben Sie das Steuer aus der Hand und geben Sie sich der Gnade des göttlichen Timings hin. Lassen Sie dem Universum freie Hand. Auf diese Weise werden die Dinge geschehen, wenn der richtige Zeitpunkt gekommen ist. Lassen Sie sich vom Fluss der Unvermeidlichkeit treiben. Göttliches Timing bedeutet, dass Sie den Glauben an Kontrolle über Ihr Schicksal aufgeben müssen. Stattdessen sollten Sie einfach das gleitende Gefühl genießen, das der Fluss des Universums mit sich bringt.

Wie Sie Missverständnis #1 korrigieren können:

- **Geben Sie Ihr Ego auf:** Selbstvertrauen ist ein wichtiger Teil unseres Wesens, und es kann uns dabei helfen, große Dinge zu erreichen, die uns einst unmöglich erschienen. Die geistige, spirituelle Welt ist anders. Hier müssen Sie Teil von etwas werden, das größer ist als Ihr Ego. Hören Sie auf zu verlangen, dass bestimmte Dinge in einem vorgesehenen Zeitrahmen oder auf die Art und Weise geschehen, die Sie für akzeptabel halten. Die Dinge werden geschehen, wenn das Universum entscheidet, dass die Zeit gekommen ist, und nichts, was Sie tun können, kann das ändern.

- **Hören Sie auf zu glauben, dass Sie irgendeine Macht über das Universum haben:** Die physische Welt mag Ihre Domäne sein, aber die spirituelle Welt wird von einer höheren Macht regiert. Die Reise Ihrer Zwillingsflamme wird sich ihren Pfad bahnen, der ihr vom Universum zugewiesen wurde, und egal wie stark Ihre Willenskraft auch sein mag, nichts wird diese Tatsache ändern.

- **Ändern Sie Ihre Definition des Wortes „Aufgeben“:** Was bedeutet der Begriff „aufgeben“ eigentlich? Ist es ein Zeichen von Schwäche, oder geht es hauptsächlich darum, die Waffen niederzulegen und zu verstehen, dass bestimmte Dinge nicht in Ihrer Macht liegen? Versuchen Sie, den Begriff „aufgeben“ positiv zu interpretieren und Ihre Einstellung zu dem Begriff zu ändern. Erlauben Sie sich, für den Glauben an die Zwillingsflamme offen zu sein, erhalten Sie sich Ihre Hoffnung und die Überzeugung, dass ein wunderschönes Leben auf diejenigen wartet, die sich auf dieses Konzept einlassen.

Missverständnis #2: Das göttliche Timing basiert auf der Bedingung, dass Sie sich vernünftig verhalten und wird immer zu Belohnungen führen.

Als wir Kinder waren, wurde uns zum Beispiel beigebracht, dass:

- Wir mit unseren Freunden spielen dürfen, nachdem wir unser Zimmer aufgeräumt haben.

- Dass wir erst unser ganzes Gemüse aufessen mussten, um dann zum Nachtisch ein Eis zu bekommen.

- Dass, wer sich im Laufe des Jahres gut benimmt, vom Weihnachtsmann die Geschenke bekommt, die er sich gewünscht hat.

- Dass wir erst spielen dürfen, nachdem wir unsere Hausaufgaben gemacht haben.

Man nennt diese Herangehensweise auch den „Wenn, dann"-Ansatz. Auf das Konzept der Zwillingsflamme angewandt bedeutet dies, dass wir denken, wir müssten uns selbst „reparieren", bevor wir in der Lage sind, die physische Vereinigung unserer beiden Hälften einzugehen. Obwohl Sie in der richtigen Gemütsverfassung und offen für die Erfahrung sein müssen, damit die Begegnung geschehen kann, bedeutet diese Anforderung nicht, dass Sie an sich „arbeiten" mussten. Die wichtigste Arbeit, die Sie leisten müssen, um sich auf die Erfahrung vorzubereiten, besteht im Fallenlassen Ihrer Vorurteile. Versuchen Sie sich nicht auf die Suche zu fixieren. Dies wird später in diesem Kapitel intensiver behandelt.

Wie Sie Missverständnis #2 korrigieren können:

- **Verstehen Sie die Positivität des göttlichen Timings:** Im göttlichen Timing gibt es keine Bestrafungsmöglichkeiten. Sie werden auf Ihrer Reise stets unterstützt, und der Platz, den Sie auf der Reise einnehmt, ist richtig, auch wenn es sich nicht immer so anfühlt.

- **Seien Sie zuversichtlich, dass Sie Fortschritte machen:** Ihre spirituelle Reise schreitet stetig voran. Auf Ihrem Weg können Sie keine Rückschritte machen. Sie werden manchmal langsam, manchmal schneller Fortschritte machen, besonders wenn Ihre spirituelle Entwicklung aufblüht, aber Sie werden niemals einen Schritt zurückgehen.

- **Glauben Sie an das Universum**: Bedenken Sie, dass alles, was auf Ihrem spirituellen Weg geschieht, für Sie geschieht und Ihnen zu Gute kommen soll. Nichts wird Ihnen als Strafe angetan. Dieses Konzept unterscheidet sich so sehr von den Regeln der physischen Welt, dass es schwer zu begreifen sein kann. Stellen Sie es sich so vor, als sei Ihr Schicksal im Leben Ihre ultimative Kraftquelle. Von dieser sollen Sie Zeit Ihres Lebens unterstützt werden.

Missverständnis #3: Das göttliche Timing ist eine Kraft, die unabhängig von unserer physischen Realität existiert.

Was glauben Sie, wie wir auf der Erde regiert werden? Gibt es eine rachsüchtige Kraft, die uns niederschlagen will, sobald wir etwas falsch machen? Falls Sie je aufgefordert wurden, populären religiösen Idealen zu folgen, dann kennen Sie das Konzept eines rachsüchtigen Überwesens schon. Ein solches Wesen soll angebetet werden, und Sie wissen, dass Sie dessen Mahnungen gehorchen sollen. Dies führt Sie zu der Überzeugung, dass Sie im Vergleich zu dieser Kraft machtlos sind. Und so versuchen Sie, allen anderen Menschen zu gefallen und ihrer Doktrin zu folgen.

Diejenigen, denen dies beigebracht wurde, glauben, dass sie sich nur dann sicher und akzeptiert fühlen können, wenn alle um sie herum glücklich und mit ihrem Verhalten zufrieden sind. Das bedeutet, dass jeder nach Rechtfertigungen für sein Selbstwertgefühl sucht und sich von anderen auf seinem Weg leiten lässt. Sie müssen sich stattdessen daran erinnern, dass Sie vor allem anderen wichtig sind und dass es beim göttlichen Timing darum geht, die Mentalität „es zuerst allen anderen recht machen" zu müssen, loszulassen.

Wie Sie Missverständnis #3 korrigieren können:

Jetzt ist es an der Zeit, Ihre vorgefassten Meinungen über Ihr erdgebundenes Selbst und seine Verbindung zu Ihrem spirituellen Selbst zu klären. Wenn Sie auf der Erde reinkarniert werden, bleibt ein entscheidender Teil Ihrer Seele in der geistigen Welt zurück.

Ein größerer, alles liebender, alles sehender Teil von uns bleibt außerhalb der irdischen Realität und arbeitet Hand in Hand mit dem Universum oder genauer gesagt, der ultimativen Energiequelle, um das göttliche Timing zu koordinieren, das Ihre spirituelle Reise bestimmt.

Ihr irdisches Selbst wird von menschlichen Zweifeln und Beschränkungen beherrscht, aber in der spirituellen Welt gibt es einen größeren, mächtigeren Teil Ihrer Seele, der sich jede Minute eines jeden Tages für Sie einsetzt. Dieser spirituelle Teil von Ihnen ist der ultimative Schutzengel für Ihr physisches Selbst und arbeitet unermüdlich mit der ursprünglichen Energiequelle zusammen. Das Ziel dieses Seelenvertreters ist es, Sie in Richtung Ihrer Zwillingsflamme auszurichten und Ihnen zu zeigen, wie Sie sie treffen können.

Dieser erweiterte Teil von Ihnen weiß alles über die bedeutendsten Mächte in der Welt und soll Ihnen dabei helfen, eines Tages wahre Größe zu finden. Zu diesem Zeitpunkt sollen Sie dann auf das vorbereitet sein, was das Universum für Sie auf Lager hat. Vertrauen Sie diesem erweiterten Teil Ihrer Seele und lassen Sie ihn die Kontrolle übernehmen. Ihre Aufgabe wird sehr viel einfacher sein, wenn Sie sich der Kommunikationsversuche Ihres Seelenvertreters bewusst sind, nur so kann Ihr spirituelles Selbst Ihnen wirklich zur Seite stehen.

Persönliches Wachstum und wie Sie sich auf Ihre Zwillingsflamme vorbereiten können

Jetzt, da Sie wissen, wie die geistige Welt auf Ihre Reise vorbereitet und dazu bereit ist, Sie zu begleiten, ist es an der Zeit, Ihr physisches Selbst in die ideale Form für die bevorstehende Reise zu bringen. Das bedeutet, dass Sie die bestmögliche Version Ihrer selbst werden müssen, sowohl körperlich als auch geistig. Sie wissen, dass jede künftige Interaktion mit Ihrer Zwillingsflamme Ihre Emotionen stark beanspruchen und für inneren Aufruhr sorgen wird. Dies kann sich auf Ihre körperliche und geistige Gesundheit auswirken - beide sollten also schon vorher in Bestform sein.

Bei diesen Vorschlägen geht es darum, dass Sie sich selbst von innen und außen kennenlernen. Das Wissen um die Herausforderungen ermutigt Sie, sich auf die persönliche Entwicklung einzulassen und den Prozess anzunehmen. Diese Form des persönlichen Wachstums sollte niemals als lästige Pflicht angesehen werden. Stattdessen sollte es Ihnen die ultimative Möglichkeit bieten, sich selbst von allen Seiten kennen zu lernen.

1) **Erstellen Sie eine Morgenroutine:** Wenn Sie morgens aufwachen, sollten Sie sich erfrischt fühlen, voller Energie und bereit dazu, sich der Welt zu stellen. Wenn Sie sich eine tägliche Routine vornehmen, nutzen Sie Ihr erhöhtes Energieniveau und stellen Sie sicher, dass alles, was Sie sich vorgenommen haben, erledigt wird. Beginnen Sie mit einem gesunden Frühstück und einer erfrischenden Tasse Kräutertee, bevor Sie Ihren Tag beginnen.

   Versuchen Sie, mindestens ein Ritual zur Selbstsorge wie beispielsweise etwas Meditation oder Sport in Ihren Tagesplan einzubauen. Die Routine am frühen Morgen ist oft die beste Zeit, und hilft Ihnen, sich emotional zu „entrümpeln". Beginnen Sie Ihren Tag also mit positiven Schritten, mit dem Ziel, einen Teil der Unordnung in Ihrem Leben zu beseitigen. Sie werden mit einem entspannteren und besser organisierten Gefühl nach Hause zurückkehren.

2) **Informationen aufnehmen:** Die moderne Welt ist ein Ort, der mit Informationen gefüllt ist. Das Ausmaß des Wissens kann überwältigend sein, aber wenn man Filter einsetzt, kann man jeden Tag etwas Neues lernen. Wissen ist Macht, und wir alle wollen uns in irgendeiner Form mächtiger fühlen. Sie entwickeln sich geistig weiter, also nehmen Sie sich die Zeit, sich auch als Individuum intellektuell weiterzuentwickeln. Lesen Sie mehr Bücher, nehmen Sie an Kursen teil oder probieren Sie eine neue Sportart aus. Selbst die am wenigsten künstlerisch-begabten Menschen können Kunstwerke erschaffen.

Malerei, Mosaik- und Töpferkurse oder das einfache Kritzeln in einem Skizzenbuch zählen alle zu den Werkzeugen, die Sie bei Ihrem persönlichen Wachstum unterstützen können! Vielleicht werden Sie göttliche Kräfte sogar dazu inspirieren, eine neue Sprache zu lernen, weil dies die Muttersprache Ihrer Zwillingsflamme ist. Es sind schon seltsamere Dinge passiert!

3) **Trainieren Sie oft:** Es spielt keine Rolle, in welcher Form Sie trainieren, wichtig ist nur, dass Sie sich dazu verpflichten. Selbst 30 Minuten pro Tag sind besser als gar keine sportliche Aktivität! Bringen Sie Ihren Körper in Bewegung und setzen Sie wertvolle Endorphine frei, die Ihrem Gehirn dabei helfen, besser zu funktionieren. Sie werden sich nicht nur besser fühlen, sondern auch besser schlafen, Ihre Haut wird sich gesünder anfühlen, und Ihr Körper wird die Vorteile fast sofort spüren. Ihr Selbstvertrauen wird gestärkt werden, und Sie werden sich insgesamt besser fühlen!

4) **Kommunizieren Sie mit Ihrem spirituellen Selbst:** Sie wissen jetzt, dass ein Großteil Ihrer Seele auf der geistigen Ebene wohnt. Unterhalten Sie sich mit diesem wichtigen Teil von Ihnen. Fragen Sie ihn, wie es ihm geht und was er Sie lehren kann. Lernen Sie, die Art und Weise zu erkennen, auf die die geistige Welt mit uns irdischen Wesen in Verbindung tritt, und was sie Ihnen mitzuteilen versucht. Das Universum ist, was die Kommunikation angeht, keinesfalls schüchtern! Wenn Sie für Kommunikation offen sind, dann werden Sie auch Nachrichten erhalten! Jede Botschaft, die Sie an die geistige Welt senden, wird dort laut und deutlich gehört! Wenn Sie zum Beispiel einen neuen Job suchen und Ihr spirituelles Selbst um einen Hinweis bitten, dann werden Sie bald eine Antwort erhalten.

Vielleicht fällt Ihnen ein Fremder in Ihrer Umgebung auf, der Sie wegen seiner Ausstrahlung anspricht. Vielleicht gefällt Ihnen das Auto, das er fährt, oder Sie bewundern seinen Kleidungsstil. Eines Tages kommen Sie dann mit ihm ins Gespräch, und er erzählt Ihnen, dass sein

Unternehmen zufällig gerade Mitarbeiter einstellt. Tatsächlich werden dort Mitarbeiter für eine Stelle gesucht, die Ihnen gefallen würde. Daraufhin fragen Sie dann nach Einzelheiten und nach einer Telefonnummer, die Sie zu dem Thema anrufen können. Natürlich würde Ihnen solch eine praktische neue Bekanntschaft gefallen! Hierbei handelt es sich um ein Beispiel für Synchronität und um ein klares Zeichen dafür, dass die geistige Welt Ihnen hilft.

5) **Schreiben Sie einen Brief an Ihre Zwillingsflamme:** Sie erkennen zwar, dass es nicht zwangsläufig zu einem Treffen mit Ihrer Zwillingsflamme kommen wird, aber Sie haben trotzdem das Bedürfnis, eine Verbindung zu Ihrer Zwillingsflamme aufzubauen, bevor Sie sie treffen. Denken Sie daran, dass sie die andere Hälfte Ihrer ursprünglichen Seele suchen. In Ihrem Brief können Sie fragen, was Sie wollen. Wie lernt man Menschen kennen, zu denen man gerne einen intensiveren Kontakt hätte? Am besten sollte man ihnen viele Fragen stellen oder gegebenenfalls mit ihnen ausgehen. Wie lernt man also seine Zwillingsflamme oder die andere Hälfte seiner Seele kennen?

Man verabredet sich und stellt viele Fragen. Da die Identität Ihrer Zwillingsflamme immer noch ein Geheimnis ist, stellen Sie am besten die Fragen, die Sie Ihre Zwillingsflamme wirklich eines Tages fragen wollen. Was sind ihre/seine persönlichen Ziele? Wen lieben Sie / wen liebt ihre Zwillingsflamme am meisten auf dieser Welt? Welche Art von Erfahrung bringt ihnen oder Ihnen selbst die meiste Freude?

Sie verstehen den groben Ansatz mittlerweile bestimmt. Es mag Ihnen anfangs seltsam erscheinen, aber der Prozess kann Spaß machen und sehr aufschlussreich sein.

6) **Vergeben Sie sich selbst:** Dies ist ein wichtiger Teil des persönlichen Wachstums und kann sich manchmal auch als der Schwierigste erweisen. Die Vergangenheit lässt sich nur schlecht im Nachhinein analysiere, schließlich ist man hinterher immer schlauer. Folglich läuft man auf diese

Weise nur Gefahr, sich über Dinge zu ärgern, die bereits passiert sind und die man nicht ändern kann.

Im Folgenden erscheinen einige häufige Fehler aus dem täglichen Leben, die Sie sich verzeihen sollten:

- **Jobs, die Sie nicht angenommene haben:** Die meisten von uns haben in ihrer beruflichen Laufbahn Fehler gemacht. Verpasste Gelegenheiten und ab und zu eine falsche Entscheidung gehören zum Leben dazu. Wenn Sie nach Ihrem Bauchgefühl gehandelt haben, obwohl alles andere auf eine andere Entscheidung hindeutete, haben Sie wahrscheinlich das Richtige getan. Sie werden nie wissen, was passiert wäre, wenn Sie einen anderen Weg eingeschlagen hätten, also lassen Sie die Entscheidung ruhen und grübeln Sie nicht länger darüber nach!

- **Geldangelegenheiten:** Wenn Sie sich verschuldet haben und mit Ihren Finanzen nicht zurechtkommen, sollten Sie etwas dagegen tun, anstatt sich selbst die Schuld an Ihrer Situation zu geben. Beginnen Sie mit einem offenen Gespräch mit Ihren Schuldnern und einem praktischen Plan zur Rückzahlung der Schulden. Selbstgefällig zu sein und den Kopf in den Sand zu stecken, wird nur zu weiterem Bedauern führen.

- **Freunde, die Sie verletzt haben:** Wenn Sie wissen, dass Sie mit Ihrem Verhalten jemanden verletzt haben, der Ihnen etwas bedeutet, dann versuchen Sie, Ihren Fehltritt wiedergutzumachen. Für manche Menschen ist es vielleicht zu spät, also müssen Sie das Drama hinter sich lassen und sich verpflichten, in Zukunft ein besserer Freund zu sein. Die Erkenntnis, dass man sich verbessern kann, ist der erste Schritt in die richtige Richtung!

- **Verlorene Liebe:** Beziehungen sind ein echter Knackpunkt, wenn es um das menschliche Bedauern geht. Viele Menschen finden es schwierig, über Beziehungen hinwegzukommen und sich neuen zuzuwenden. Der Weg zu neuen Beziehungen sollte frei von Hindernissen sein, das heißt, Sie sollten nicht an alten Liebschaften festhalten. Denken Sie daran, dass das göttliche Timing Sie leitet und Ihnen dabei helfen wird, zu erkennen, wann es endlich Zeit ist, weiterzuziehen!

7) **Beseitigen Sie die giftigen Elemente in Ihrem Leben:** Überall finden Sie Beispiele dafür, wie Sie Ihr Leben entrümpeln sollten. All die sogenannten Experten sagen Ihnen, dass Ihr Leben automatisch besser werden müsste, solange Sie nur Ihren Kleiderschrank aufräumen. Das mag ein guter Ratschlag und ein Schritt in die richtige Richtung sein, aber, aber ein aufgeräumter Kleiderschrank ist nicht wirklich ein wichtiger Schritt zum persönlichen Wachstum!

Wenden Sie das gleiche Prinzip auf Ihr Leben an. Befreien Sie sich von den Dingen, die Sie zurückhalten, und hören Sie auf, sich von schädlichen Beziehungen, Gewohnheiten und Ihrem Umfeld einschränken zu lassen.

Im Folgenden stehen Beispiele für schädliche Beziehungen, die Sie vermeiden sollten:

- **Der Kontrollfreak:** Gibt es in Ihrem Leben jemanden, der Ihnen ständig sagt, was Sie tun sollen? Sagt diese Person Ihnen, wie Sie sich anziehen, wohin Sie gehen und wie Sie sprechen sollten? Verabschieden Sie sich sofort aus dieser Freundschaft und lernen Sie, unabhängig eigene Entscheidungen zu treffen.

- **Der Pessimist:** Kennen Sie jemanden, der selbst in den freudigsten Ereignissen die negativen Aspekte findet? Liebt diese Person das Elend und versucht sie, Ihnen all Ihre positive Energie zu entziehen? Dann wissen Sie, was zu tun ist! Werden Sie die Person los und umgeben Sie sich stattdessen mit positiven Einflüssen.

- **Der Perfektionist:** Dieser Punkt ist etwas schwierig, denn wir alle brauchen jemanden, der uns dazu ermutigt, ein besserer Mensch zu werden. Perfektionisten werden allerdings nie mit Ihren Bemühungen zufrieden sein und Ihnen keine Anerkennung für Verbesserungen zuteilwerden lassen. Das wird dazu führen, dass Sie sich entmutigt fühlen. Sagen Sie ihnen also, dass ihre negativen Einschätzungen sich länger erwünscht sind!

- **Der Manipulator:** Sie kennen diese Art von Person. Diese Menschen bekommen fast immer das, was sie wollen, und sorgen gleichzeitig dafür, dass Sie sich schlecht fühlen. Sie verstehen es, Ihnen eine Idee in den Kopf zu setzen, die Sie dazu bringt, Dinge zu tun, die Sie nicht tun wollen, und die Ihren Kopf durcheinanderbringen. Sie wollen keine unqualifizierten Kommentare, Sie wollen Unterstützung!

- **Der Wettkämpfer:** Ein gesunder Wettkampf ist großartig, und Sie sollten ihn als solchen begrüßen, falls sich die Gelegenheit bietet. Aber wenn Sie in einer Beziehung mit einem ultimativen Konkurrenten leben, der jede Situation in einen Kampf verwandelt, werden Sie bald keine Energie mehr haben. Sie brauchen Menschen, die Sie unterstützen und sich wie Teamplayer verhalten. Sie sollten vermeiden, dass die andere Person Ihre Leistungen herabwürdigt, um sich selbst besser darzustellen.

Kapitel 5: Stufe 2: Das Erwachen

Die nächste Stufe in der Zwillingsflammenbeziehung ist das „Erwachen", auch bekannt als die Sehnsucht. Da es sich bei Ihnen und Ihrer Zwillingsflamme um zwei Hälften derselben Seele handelt, können Ihre jeweiligen Zeitpläne unterschiedlich sein. Es kann sein, dass Sie an Ihrem spirituellen Wachstum gearbeitet haben und darauf vorbereitet sind, Ihre Zwillingsflamme zu treffen, wohingegen sich die andere Person noch nicht auf die Suche gemacht hat. Das erklärt, warum diese Phase als eine Zeit der Sehnsucht beschrieben wird, in der Sie eine spirituelle Leere spüren. Sie wissen, dass ein Teil von Ihnen fehlt, und Sie suchen vielleicht nach verschiedenen Möglichkeiten, diesen fehlenden Teil zu ersetzen.

Benutzen Sie Beziehungen, um Ihre spirituelle Leere zu füllen?

Ist es wirklich so, wie es in dem Lied „All You Need Is Love" heißt? Ist die Liebe alles, was Sie brauchen, um sich auf die Begegnung mit Ihrer Zwillingsflamme vorzubereiten? Sie glauben vielleicht, dass Sie besser auf die Begegnung mit einer Zwillingsflamme vorbereitet sind, wenn Sie in Liebesdingen bereits erfahrener sind. Sie müssen allerdings auch körperlich und geistig in der besten Verfassung für das Treffen sein, aber nichts, was Sie vorher erlebt haben, kann Sie auf die Flut von Gefühlen vorbereiten, die Sie durch die Liebe zu Ihrer Zwillingsflamme erleben werden.

Je mehr Zeit Sie in unpassenden, unglücklichen Beziehungen verbringen, desto weniger gut sind Sie auf die Begegnung mit Ihrer Zwillingsflamme vorbereitet. Seien Sie offen für die bedingungslose Liebe und bereit dazu, den wärmenden Schein der wahren Liebe in Ihrem Gemüt zu spüren. Das wird nicht geschehen, wenn Sie durch den Ballast Ihrer früheren Beziehungen behindert werden. Es liegt in der menschlichen Natur, einen Partner suchen zu wollen und von dessen Liebe und dem Komfort profitieren zu wollen, den diese Verbindungen bieten, aber manche Menschen sind zu sehr darauf konzentriert, permanent „in einer Beziehung" zu sein, anstatt darauf zu achten, dass sich die Beziehungen auf natürliche Art und Weise und ohne Druck ergeben.

Haben Sie das Bedürfnis, Ihre spirituelle Leere zu füllen und Ihre Sehnsucht zu stillen, indem Sie eine Beziehung eingehen? Hier sind einige Anzeichen, die darauf hindeuten, dass Sie Beziehungen oft nutzen, um Ihre innere Leere zu füllen:

1) **Sie sind unglücklich, wenn Sie Single sind:** Wenn Sie sich dabei ertappen, dass Sie Paare beneiden und sich ohne einen Partner verloren fühlen, dann haben Sie eine ungesunde geistige Leere. Sie müssen glücklich sein können, ohne Teil eines Paares zu sein. Probieren Sie einige der folgenden Ideen aus, um das Singledasein so richtig zu genießen.

   • **Reisen Sie allein:** Fahren Sie an einen Ort, den Sie schon immer einmal besuchen wollten. Wählen Sie einen Ort, von dem Sie wissen, dass Sie ihn lieben werden, und planen Sie dort neue Abenteuer und Entdeckungsmissionen!

   • **Beginnen Sie alternative Beziehungen:** Stärken Sie die Bindungen zu Ihrer Familie und Ihren Freunden, die im Laufe der Zeit vielleicht schwächer geworden ist. Wir alle entfernen uns mit der Zeit von unseren Mitmenschen. Vielleicht ist es jetzt an der Zeit, sich wieder mit Ihren Lieben in Verbindung zu setzen.

- **Seien Sie abenteuerlustig:** Wenn Sie jemals bestimmte Teile Ihrer Persönlichkeit zurückgehalten haben, weil Sie sich Sorgen darum gemacht haben, wie Ihr Partner reagieren könnte, dann nehmen Sie Ihre Verrücktheit an und tun Sie Dinge, die Sie schon immer einmal tun wollten. Singen Sie Karaoke in einer örtlichen Bar, gehen Sie im Skatepark Rollschuhlaufen, gehen Sie Quadfahren oder buchen Sie einen Kurs zum Sushi-Kochen - all das macht auch allein Spaß. Es spielt keine Rolle, wie Sie Ihre Zeit allein genau genießen wollen, aber tun Sie es einfach!

2) **Ihre Stimmung hängt von Ihrem Partner ab:** Einfühlungsvermögen ist Teil einer gesunden Beziehung, kann aber auch einen dominierenden Einfluss auf den eigenen Partner haben und dazu dienen, diesen zu kontrollieren. Wenn Sie nie den Eindruck haben, unbesorgt glücklich sein zu dürfen, wenn Ihr Partner gerade unglücklich ist, kann es sein, dass Sie sich in einer kontrollierenden Beziehung befinden. Wenn Ihre Stimmung von den Launen Ihres Partners abhängig ist, dann ist das nicht gesund.

3) **Sie machen sich Sorgen, wenn Sie nicht zusammen sind:** Wenn Sie negative Gefühle empfinden, wenn Sie von Ihrem Partner getrennt sind, müssen Sie vielleicht an Ihrer geistigen Reife arbeiten. Jedes Paar sollte unabhängig sein und seine getrennte Zeit genießen können.

4) **Sie brauchen ständige Bestätigung:** Wenn Sie ständig nach Lob und Komplimenten von Ihrem Partner suchen, kann das ein Zeichen dafür sein, dass Sie Ihren geistigen Wert bei einer anderen Person suchen. Sie müssen Ihren eigenen Wert kennen und mit Ihrer Selbsteinschätzung zufrieden sein.

5) **Sie sind trostlos, wenn Beziehungen enden:** Es ist traurig, wenn Beziehungen enden, weil man etwas verloren hat,

das einem einmal lieb war. Aber wenn Beziehungen nicht enden würden, wie könnten dann neue entstehen? Wenn Sie sich jemals völlig verloren oder beraubt gefühlt haben, weil eine Beziehung endete, oder wenn Sie das Gefühl gehabt haben, dass Ihr Leben durch das Ende einer Beziehung völlig aus den Angeln gerissen wurde, dann ist es an der Zeit, dass Sie sich neu verlieben - und zwar in sich selbst! Lassen Sie die Suche nach neuen Beziehungen sein und konzentrieren Sie sich stattdessen auf Ihr spirituelles Leben. Finden Sie die Harmonie zwischen Seele und Geist.

Das Erwachen der Zwillingsflamme erklärt

Einer der frustrierendsten Teile des Zwillingsflammenprozesses ist, dass beide nicht automatisch zur gleichen Zeit erwachen. Das kann bedeuten, dass ein Teil der Zwillingsflamme jahrelang in Stufe 2 sein kann und einfach nur darauf wartet, dass sein Zwilling sich weiterentwickelt. Wenn Sie wissen, dass Sie in einer Seelenverbindung leben und sich auf das Treffen mit Ihrer Zwillingsflamme freuen, kann es gut sein, dass Sie die erwachte Zwillingsflamme sind, während Ihr Gegenpart die schlafende Zwillingsflamme ist.

Das kann bei der erwachten Seite zu Frustrationsgefühlen führen, da Sie nicht versteht, warum Sie noch keine starke geistige Verbindung oder göttlichen Einfluss gespürt hat. Vielleicht wissen Sie bereits, dass Sie sich mit Ihrem höheren Selbst verbinden können, und Sie glauben, die andere Person fühlt diese Emotionen auf die gleiche Art und Weise. Warum ist Ihre Zwillingsflamme also noch nicht erwacht? Dieser Zustand wird als die Blasenliebe zwischen den beiden Seelen bezeichnet. Der Begriff beschreibt einen Zustand, in dem sie miteinander sprechen und die Anwesenheit des anderen anerkennen können, bevor sie sich physisch treffen.

Dies kann zu Interaktionen führen, die untypisch erscheinen mögen. Es kann sein, dass Sie Ihrem Zwilling in dieser Phase über Ihr höheres Selbst etwas Böses oder Unfreundliches sagen.

Vielleicht sind Sie über diese Art von Interaktionen erstaunt und fragen sich, warum sie das getan haben. Würden Sie Ihrem Zwilling solche negativen Dinge nicht sagen, wenn Sie ihm gegenüberstünden? Warum sind diese Gedanken und Gefühle überhaupt aufgetreten? Nun, Sie entstammen Ihrem höheren Selbst, das Ihnen dabei hilft, Ihren Zwilling zu provozieren, um ihm einen Schubs zu geben, damit er aufwacht. Dieser Vorgang ist als Trigger bekannt, und obwohl er von Ihrem physischen Wesen ausgeht, handelt es sich tatsächlich um eine Erweiterung Ihres spirituellen Bewusstseins. Die Reihenfolge, in der die beiden Zwillinge erwachen, wird im Allgemeinen von der Energie bestimmt, die sie antreibt. Die Zwillingsflamme mit der weiblichen Energie wird in der Regel als Erste erwachen, während die männliche Energie oft erst später erwacht.

10 Anzeichen dafür, dass Sie Ihre Zwillingsflamme treffen werden

Sie haben vielleicht Jahre im Zustand der Sehnsucht gelebt und die Zeit damit verbracht, mit Ihrer Zwillingsflamme über Ihr höheres Selbst zu interagieren. Einige Interaktionen werden mürrisch gewesen sein, während andere freudig waren, aber woher wissen Sie, dass eine Vereinigung kurz bevorsteht?

1) **Alle Ihre Gedanken sind von Liebe und Harmonie erfüllt:** Es gibt keine Negativität und Traurigkeit in Ihrem Inneren. Ihre Seele weiß, dass sie im Begriff ist, ihre andere Hälfte zu treffen, und Ihre tieferen Schwingungen fühlen sich gereinigt an. Sie wissen, was auf Sie zukommt, und Sie sind bereit für die endgültige Vereinigung.

2) **Sie sind glücklich und strahlen mit einem inneren Glanz:** Wenn wir jemanden Besonderes treffen, ist das für andere oft an dem Licht zu erkennen, das von innen aus uns herausstrahlt. Wenn Sie kurz vor einem Treffen mit Ihrer Zwillingsflamme stehen, kann Ihr spirituelles Selbst nicht anders, als seine Freude darüber auszustrahlen.

3) **Die Dinge in Ihrem Leben werden sich verändern:** Vielleicht verspüren Sie den Drang, Ihre Wohnung zu verkaufen und in ein anderes Bundesland, einen anderen

Bezirk oder sogar ein anderes Land zu ziehen. Das Gefühl mag verwirrend sein und im Moment keinen Sinn ergeben, aber es handelt sich um eine Botschaft des Universums an Sie. Das Universum führt Sie auf einen Weg, der Sie schließlich auch zu Ihrer Zwillingsflamme führt. Gehen Sie in diese Richtung! Tun Sie, was sich richtig anfühlt, und lassen Sie sich von Ihren Trieben leiten.

4) **Sie spüren die Vorfreude:** Wenn Sie ständig Schmetterlinge im Bauch haben oder Ihre Haut vor Vorfreude kribbelt, ist das ein klares Zeichen dafür, dass etwas passieren wird. Wenn Sie das Konzept der Zwillingsflamme kennen, werden Sie auch erkennen, was als Nächstes passiert. Menschen, die das Konzept nicht kennen, werden ein Gefühl der Vorfreude verspüren, ohne zu wissen warum. Wenn Sie sich also jeden Tag wie ein Kind am Weihnachtsabend fühlen, dann stehen die Chancen gut, dass Ihre Vereinigung bald stattfinden wird. Genießen Sie das Gefühl und bereiten Sie sich auf die Erfahrung vor.

5) **Alle Aspekte Ihres Lebens scheinen Ihren Erwartungen zu entsprechen:** Ein Zeichen für eine bevorstehende Vereinigung ist das Gegenteil von Veränderung. Ihr Leben könnte einen persönlichen Höhepunkt erreichen, um Sie auf Ihre Zwillingsflamme vorzubereiten. Ihre finanziellen und beruflichen Ansprüche sind erfüllt, und Sie fühlen sich wohler und glücklicher als je zuvor. Die Beförderung, die Sie sich gewünscht haben, das Auto, das Sie fahren, und die Menschen, die Sie umgeben, sind allesamt positive Aspekte Ihres Lebens, und Sie lieben sie innig.

6) **Sie haben das Gefühl der Sehnsucht verloren:** Dies ist ein paradoxes Zeichen dafür, dass Sie bereit sind, Ihre Zwillingsflamme zu treffen. Sie hören auf, über das Treffen nachzugrübeln und kommunizieren durch Ihr höheres Selbst. Sie haben sich noch nie so vollständig und harmonisch gefühlt. Sie brauchen sich nicht durch externe Einflüsse vervollständigt zu fühlen, denn Sie sind in der

besten Verfassung Ihres Lebens. Vielleicht lehnen Sie die Verbindung, nach der Sie sich früher gesehnt haben, sogar ab, weil Sie sich fragen, warum Sie eine andere Person brauchen, die Sie vervollständigt.

7) **Sie fühlen sich inspiriert und kreativ:** Dies ist ein weiteres Zeichen des Universums, dass eine Begegnung bevorsteht. Sie werden sich inspiriert fühlen. Sie werden mehr schreiben oder ein künstlerisches Projekt beginnen. Während Ihrer Zeit der Selbstverbesserung haben Sie sich vielleicht schon mit neuen Hobbys oder Leidenschaften befasst, und das Universum wird diese nutzen, um Sie zu inspirieren. Wenn Sie sich für Projekte und Aufgaben begeistern, werden Sie mit Ihrer Menschlichkeit verbunden und offener für Botschaften aus der geistigen Welt. Sobald diese Kommunikationskanäle geöffnet sind, müssen Sie Ihrem Herzen folgen und sich auf die Projekte einlassen, die Sie als Ihre Bestimmung empfinden. Diese werden Sie von lukrativeren Projekten ablenken, und Sie werden sich manchmal sicherlich fragen, was der Sinn des Ganzen ist, aber Sie müssen sich darauf einlassen! Das Universum schickt Sie nicht auf zweckfreie Missionen, und das Ergebnis wird die Mühe wert sein!

8) **Sie werden in der Lage sein, Dinge für sich selbst und andere zu manifestieren:** Manche Menschen halten Manifestation für schwierig und denken, es sei ein ungesunder Weg, um materielle Ziele zu erlangen. Das Grundprinzip einer Manifestation ist einfach, da es sich einfach nur um eine positive Denkweise handelt. Wenn Sie sich mit Ihrem spirituellen Selbst verbinden, können Sie die Gelegenheit nutzen, die Menschen um Sie herum glücklich zu machen. Sie werden eine stärkere Verbindung zum Universum spüren, wenn Ihre Vereinigung näher rückt, und die Fähigkeit, Ihre Entscheidungen zu manifestieren, wird zunehmen.

Versuchen Sie diese einfachen Schritte, um Dinge für sich und andere zu manifestieren:

- **Legen Sie Ihr Ziel fest**: Sagen Sie dem Universum, was Sie wollen und wie der Gegenstand Ihrer Sehnsucht Ihre Welt beeinflussen wird. Bei einer Manifestation geht es nicht darum, dem Universum zu sagen, dass Sie sich schon immer einen Porsche gewünscht haben, und diesen von einer höheren Kraft zu verlangen. Natürlich sind Sie auch deswegen mit Ihrer spirituellen Seite verbunden, damit Sie wissen, wie Sie Ihre Verbindung zum Universum nutzen können, um auch anderen Menschen zu helfen. Wenn Sie bei der Arbeit eine Gehaltserhöhung wollen, dann müssen Sie genau wissen, warum Sie das wollen. Sie können dann genau erklären, wer sonst noch von Ihrem finanziellen Glücksfall profitieren würde und wie Sie Ihr zusätzliches Geld gemeinnützig einsetzen werden, um die Welt zu einem besseren Ort zu machen.

- **Plan zur Unterstützung Ihrer Manifestationsarbeit**: Jetzt müssen Sie nur noch Umstände schaffen, die Ihnen eine Erhöhung Ihres Gehalts ermöglichen. Die Manifestation ist nur ein Teil der Verwirklichung, und Sie müssen ihr jede erdenkliche Hilfe zukommen lassen. Schaffen Sie aufregende neue Projekte bei der Arbeit und stellen Sie sicher, dass die Verantwortlichen von Ihrem Beitrag wissen. Bitten Sie Ihre Manager oder Vorgesetzten um eine Beurteilung, und seien Sie darauf vorbereitet, um eine Gehaltserhöhung zu bitten, wenn das Ergebnis positiv ausfällt. Nehmen Sie an Kursen teil, die Sie effizienter und sachkundiger machen, damit Sie ein besserer Kandidat für eine Gehaltserhöhung sind. Helfen Sie Ihrer Manifestation auf jede erdenkliche Weise. So können Sie Ihre Chancen verbessern und Ihr Ziel hoffentlich verwirklichen.

- **Lassen Sie Manifestationen zu:** Wenn Sie sich in der Kunst der Manifestation üben, können manchmal Zweifel aufkommen. Erinnern Sie sich dich daran, dass die Manifestation dem göttlichen Timing unterliegt, genau wie die Zwillingsflammenerfahrung, und wenn die Dinge geschehen sollen, werden Sie auch geschehen. Lassen Sie die Dinge also auch geschehen und bleiben Sie Ihren Zielen verpflichtet.

9) **Sie werden das Bedürfnis verspüren, Ihre Schwingung zu erhöhen:** Wenn der Zeitpunkt näher rückt, an dem Ihre Zwillingsflamme in Ihrem Leben erscheint, werden Sie natürlich auch das Bedürfnis verspüren, Ihre Schwingung zu erhöhen und Ihr persönliches Wachstum zu beschleunigen.

Dabei kann der Wunsch entstehen, folgende Dinge zu tun:

- **Verbessern Sie Ihre Ernährung:** Sie werden alle schlechten Gewohnheiten in Bezug auf das Essen verlieren. Ihr innerer Geist weiß, wie Sie Ihren Körper ernähren sollten, und wird Sie zu gesünderen Optionen führen. Sie werden sich bereits relativ gesund ernähren, aber Sie werden sich von Lebensmitteln, die schlecht für Sie sind, abgestoßen fühlen, wenn die Zwillingsbegegnung kommt. Wenn Sie also von Gemüse übermäßig begeistert und von Ihrem Lieblings-Fastfood abgestoßen sind, dann könnte dies ein Zeichen für Ihre bevorstehende Vereinigung sein.

- **Sie beginnen damit, elektrische Geräte, die blaues Licht aussenden, zu meiden:** Dies ist ein Zeichen dafür, dass Sie sich Ihres Schlafes bewusster werden und daran arbeiten, Ihr Schlafverhalten zu verbessern. Warum sehnen Sie sich nach besseren Schlafgewohnheiten? Natürlich, weil Sie in Ihren Träumen mit Ihrer Zwillingsflamme kommunizieren und so bereits vor dem ersten Treffen eine starke Verbindung zu der Person aufbauen.

- **Sie werden den Wunsch verspüren, bei jeder Gelegenheit barfuß zu laufen:** Sie werden den natürlichen Wunsch verspüren, Ihr Schuhwerk abzulegen und die Erde, auf der Sie gehen, unter Ihren Füßen zu spüren. Wenn Sie sich in Ihrem Garten mit nackten Füßen wiederfinden und einfach nur das Gras zwischen Ihren Zehen spüren, dann bereitet sich Ihr spirituelles Selbst auf größere Dinge vor.

- **Sie werden nach alternativen Wegen suchen, um Ihren Geist zu heilen:** Wenn Sie ein überwältigendes Bedürfnis verspüren, Ihr Wissen über alternative Heilmethoden zu erweitern, dann tun Sie das. Ihr Körper und Ihre Seele sagen Ihnen, dass Sie einen gewissen Grad an Heilung brauchen, bevor Sie Ihrem Zwilling begegnen können. Vielleicht fühlen Sie sich zu Reiki-Heilern oder Experten, die Akupunktur oder Kristallheilung praktizieren, hingezogen. Lassen Sie sich auf die Strömung ein und spüren Sie den Nutzen jeder Form von Heilung, die Ihnen zur Verfügung steht.

10) **Sie werden anfangen, lebhafte Träume über Ihren Zwilling zu haben:** Diese Träume sind oft die spezifischsten Zeichen einer bevorstehenden Begegnung, die Sie vom Universum erhalten. Menschen, die ihrer Zwillingsflamme begegnet sind, haben ihre Träume vor der Begegnung als realistisch und intensiv beschrieben. Sie berichten, dass sie ihrer Zwillingsflamme im Traum begegnet sind, und dass Sie bestimmte Merkmale erkannt haben, die sich später als richtig erwiesen. Zwillinge kommunizieren oft im Schlaf über die Astralebene, aber sie intensivieren die Verbindung noch, wenn sie wach sind.

Während ihrer Träume umarmen sie ihre Zwillingsflamme oft und flüstern Worte des Trostes und der Beruhigung. Manche Menschen berichten, ihr Zwilling habe sie umarmt und Dinge gesagt wie „Ich bin auf dem Weg zu dir" oder „Vertraue dem Universum, dass es uns zusammenführt". Führen Sie ein Traumtagebuch und schreiben Sie jeden Morgen nach Ihren Erlebnissen die Details, an die sie sich erinnern können, auf. Diese werden Ihnen helfen, Ihren Zwilling physisch und emotional zu erkennen.

Die Details aus diesen Träumen werden Ihnen helfen, alle folgenden Schritte auf dem Weg zu Ihrem Zwilling zu vollenden, die nach Ihrer Begegnung geschehen. Die Botschaften, die Sie erhalten, müssen aufgezeichnet werden, da sie für Sie beide wichtig sein werden, wenn Ihre Beziehung wächst und reift.

Sie sollten beachten, dass nicht jeder alle der oben genannten Anzeichen erlebt. Manche Menschen erleben ihre Begegnung aus heiterem Himmel und haben keinerlei Warnzeichen erhalten. Andere werden feststellen, dass eher eine Reihe von physischen Zeichen eine Vorstufe der Begegnung sind. Numerologie und bestimmte Muster können auf die bevorstehende Ankunft Ihres Zwillings hinweisen, halten Sie also Ausschau nach Hinweisen dieser Art. Das Wichtigste ist, dass Sie alle Ängste und Befürchtungen loslassen und ruhig bleiben. Entspannen Sie sich und genießen Sie die Vorfreude. Sie können nichts daran ändern, was mit Ihnen als Nächstes geschehen wird, aber Sie können Ihre Erfahrung verbessern. Ihre Zwillingsflamme macht mit Sicherheit ähnliche Gefühle durch, und sie wird genauso aufgeregt und nervös sein wie Sie selbst. Denken Sie daran, wenn Sie aufeinandertreffen. Sie werden sich wundern, wieviel Sie allein durch Ihre spirituellen Verbindungen bereits übereinander wissen.

Kapitel 6: Stufe 3: Die Reifungsphase (Flitterwochen)

Schließlich deuten alle Zeichen darauf hin, dass ein Treffen unmittelbar bevorsteht, und eines Tages erscheint die Person in Ihrem Leben und wird Teil Ihres Wesens. Ihre Zwillingsflamme mag Ihnen so lange wie ein weit entfernter Teil Ihres Lebens erschienen sein, dass es Ihnen nun schwerfällt zu glauben, dass sie wirklich hier ist. Was geschieht nach dem ersten Zusammentreffen?

Zunächst müssen Sie verstehen, welche Qualitäten Ihre Zwillingsflamme mitbringt und wie sie Ihr Leben verändern wird. Die Gefühle, die Sie empfinden, können überwältigend und oft beängstigend sein. Sie müssen erkannt und gewürdigt werden, damit Sie Ihre Zwillingsflammen-Mission beginnen können.

Wenn Sie zum ersten Mal eine Zwillingsflamme treffen

Die Anzeichen dafür, dass wir eine Zwillingsflamme getroffen haben, sind im Kapitel über Zwillingsflammen gut dokumentiert, so dass wir bereits wissen, wonach wir suchen müssen. Denken Sie daran, dass Sie nicht unbedingt eine romantische Verbindung haben müssen; die Person kann auch ein Freund oder ein Mentor sein. Sie wird mit den gleichen Problemen zu kämpfen haben wie Sie auch, und sie wird die gleichen Stärken aufweisen.

Sie werden bereits eine Verbindung zu der Person spüren, und vielleicht erkennen Sie sie sogar aus Ihren Träumen wieder. Die Person wird die gleiche intensive Verbindung spüren und vielleicht von dem Gefühl des Wiedererkennens schockiert sein. Die Intensität wird anders sein als alles, was Sie beide bisher erlebt haben, und selbst ein Blick zwischen Ihnen wird die intensivsten Gefühle hervorrufen, die man sich vorstellen kann.

Sie beide werden wissen, dass Sie für einen höheren Zweck zusammengeführt wurden, und diese Erkenntnis kann überwältigend sein. Wie sollen Sie mit diesen intensiven Gefühlen und der tiefen und bedeutungsvollen Liebe, die Sie empfinden, umgehen und gleichzeitig produktiv sein? In diesen frühen Stadien kann es zu Drama, Chaos und Verwirrung kommen.

Zwillingsflammen sind auf einer höheren Ebene miteinander verbunden, aber sie müssen gemeinsam auf der Erde existieren. Das bedeutet, dass sie beide lernen müssen, ihre Beziehung zu mäßigen und sich an konventionellere Formen des gemeinsamen Lebens anzupassen. Selbst wenn wir keine „normale" Beziehung zu unserer Zwillingsflamme wollen, werden wir trotzdem Struktur brauchen, und es ist wichtig, dass Sie Ihre Zwillingsflamme in Ihr Leben integrieren.

Das bedeutet, dass Sie wissen müssen, wie sich Ihre Beziehungen von normalen Beziehungen unterscheiden und wie Sie damit umgehen können. Es gibt vier verschiedene Elemente in Ihrer Beziehung, die ausgewogen und gesund sein sollten.

Entdecken Sie Ihre emotionale Verbindung

Die Begegnung von Zwillingsflammen löst die Öffnung des Herzzentrums aus, die es Ihnen ermöglicht, stärker und tiefer als je zuvor zu lieben. Denken Sie an die Verbundenheit zwischen einer Mutter und ihrem neuen Baby. Die Gehirnströme der Mutter sind mit dem Herzschlag des Babys synchronisiert, was einen Energieaustausch zwischen ihnen beiden ermöglicht. Das bedeutet, dass die Mutter die Informationen, die ihr Kind ihr sendet, erfolgreich empfängt und dass sie die Bedürfnisse und Gefühle ihres Babys versteht.

Auf dieselbe Weise lösen Zwillingsflammen verborgene Eigenschaften des anderen aus, die in der Vergangenheit vergraben und ungelöst waren. Ihre Zwillingsflamme beleuchtet Ihre Schattenseite und ermöglicht es Ihnen, die Aspekte Ihres Lebens zu erforschen, die Vergebung und Verständnis brauchen. Zwillingsflammen arbeiten als Team, um sich gegenseitig zu unterstützen. So können Sie einander den Mut geben, Ihre Herzen zu öffnen und alle Wunden zu heilen, die Sie in der Vergangenheit erlitten haben mögen.

Wie Sie Ihre neuronalen Verbindungen stärken können

Die spirituelle Bindung, die Sie haben, wird bereits stark sein, aber mit ihr kommt auch die Angst, dass Ihre Beziehung einen solchen Ansturm intensiver Gefühle nicht überstehen wird. Dies kann zu Erwartungsangst führen. Vielleicht sind Sie beide so besorgt darüber, was schieflaufen könnte, dass Sie die Möglichkeit des positiven Laufes der Dinge nicht erkennen.

Zwillinge haben bereits das Gefühl, dass sie sich gegenseitig spiegeln, aber wie kann dieses Gefühl noch verstärkt werden? Ähnlich wie in traditionellen Partnerschaften bietet die Flitterwochenzeit eine Gelegenheit herauszufinden, was die andere Hälfte ausmacht.

1) **Lernen Sie Ihren Partner kennen**: Ihre spirituellen Bande mögen unzerstörbar sein, aber was sind die eher praktischen Aspekte Ihres Lebens, die Sie teilen? Denken Sie daran, dass Sie beide dazu bestimmt sind, Großes zu erreichen, und dass die gemeinsamen Leidenschaften der Schlüssel zur Entdeckung Ihres Schicksals sein können. Fragen Sie die Person nach den Freuden und Höhepunkten in ihrem Leben, bevor Sie sich kennengelernt haben, und warum sie ihre Arbeit lieben. Welche Bücher lieben sie? Was sind ihre Lieblingsspeisen und Lieblingsorte, die sie gerne besuchen? Sie wissen bereits, dass Ihr Partner etwas Besonderes ist, aber Sie müssen sich trotzdem die Mühe machen, Ihren Partner kennen zu lernen.

2) **Vertrauen entwickeln:** Sie dürfen Ihren Partner niemals anlügen und müssen immer für ihn da sein. Seien Sie ehrlich in Bezug auf Ihre Gefühle, auch wenn diese

verwirrend und turbulent sind. Sie sollten dazu in der Lage sein, sich in schwierigen Zeiten an Ihre Zwillingsflamme zu wenden, aber sie kann auch der Grund sein, warum Sie in Aufruhr sind! Sie müssen der Person alle Ihre Gefühle mitteilen und darauf vertrauen, dass sie für Sie da sind.

3) **Kämpfen Sie fair**: Selbst in dieser märchenhaften Zeit werden Sie Probleme mit Ihrem Partner haben, und es ist verlockend, sich mit harten Worten und Anschuldigungen Gehör zu verschaffen. Das kann für beide Seiten schädlich sein und tiefe Narben hinterlassen.

Probieren Sie diese einfachen Regeln aus, wenn Sie sich mal nicht einig sind:

- **Sie sollten genau wissen, worüber Sie streiten:** Streiten Sie sich wirklich über schmutzige Kleidung auf dem Badezimmerboden, oder ist das nur ein praktischer Grund, um einen überfälligen Streit zu verursachen? Manchmal benutzen Partner belanglose Ausreden, um Ärger zu verursachen, weil sie unterschwellige Probleme haben. Stellen Sie sicher, dass sich Ihre Diskussionen um echte Probleme drehen und nicht nur um erfundene.

- **Vermeiden Sie absolute Aussagen:** Es ist viel dramatischer, Sätze wie „Du hebst nie deine Wäsche auf" zu verwenden, wenn man sich auch diplomatischer äußern kann: „Ich wünschte, du wärst ordentlicher und würdest deine schmutzigen Sachen aufheben". Vermeiden Sie es, Ihren Partner in die Defensive zu drängen und einen Streit vom Zaun zu brechen.

- **Pausen einlegen:** Wenn Sie sich emotional angeschlagen fühlen, dann bitten Sie um eine Auszeit. Geben Sie zu, dass die Meinungsverschiedenheit noch nicht gelöst ist und dass Sie wissen, dass Sie noch reden müssen, aber gönnen Sie sich eine Pause. Nehmen Sie sich zwanzig Minuten Zeit, um Ihre heftigen Emotionen loszuwerden, und kehren Sie ruhiger und vernünftiger zurück. Dies kann auch Ihrem Partner Zeit geben, sich neu zu sammeln und die Dinge klarer zu sehen.

- **Respektieren Sie die Grenzen des anderen**: Akzeptieren Sie keine billigen Schläge unter die Gürtellinie, von denen Sie wissen, dass sie Spuren hinterlassen werden. Sie fühlen sich danach vielleicht eine Sekunde lang siegreich, aber Sie werden das Gesagte später bereuen. Im Nachhinein wird Sie das Wissen, dass Sie Ihrer Zwillingsflamme Schmerzen bereitet haben, traurig machen. Sie kennen die Wunden, die Ihre Zwillingsflamme in sich trägt, am besten und die Bereiche ihres Lebens, die empfindlich sind. Sie wissen, wie Sie die schädlichsten Schläge austeilen können. Seien Sie ein besserer Mensch und vermeiden Sie billige Kommentare, denn diese werden nur dazu führen, dass Ihr Partner das Vertrauen in Sie verliert.

- **Den Olivenzweig ausstrecken:** Erkennen Sie, wann Sie beide Ihre Grenzen erreicht haben, und erlauben Sie Ihrem Partner, den Streit mit Würde zu beenden. Machen Sie einen Scherz oder reichen Sie ihm die Hand. Alle Auseinandersetzungen sollten mit einem gemeinsamen Schlusspunkt enden. Sie haben beide gesagt, was nötig war, also stellen Sie anschließend die Nähe wieder her, nach der Sie sich beide sehnen.

Wie Sie Ihre körperliche Verbindung stärken können

Wenn Sie Ihre Zwillingsflamme treffen, kommt es zu bemerkenswerten Veränderungen in Ihrem physischen Selbst und in Ihrem spirituellen Wesen. Die Begegnung Ihrer Zwillingsseelen wird eine Energieform freisetzen, die als Kundalini bekannt ist. Diese Energie wird Sie beide mit einer solchen Euphorie erfüllen, sodass Sie das Bedürfnis verspüren, Menschen zu umarmen und zu küssen, während Sie das Leben mit einem herrlichen Gefühl von Energie genießt. Allerdings kann diese Euphorie auch körperliche Symptome verursachen, die für beide Seiten verwirrend sein können.

Im Folgenden werden wir die spirituellen und körperlichen Symptome ansprechen, die entstehen, wenn helle und dunkle Energien freigesetzt werden. Das bedeutet nicht, dass diese Energien entsprechend gut oder schlecht sind. Es handelt sich einfach um eine Form von Energie, die in uns existiert und die freigesetzt wird, wenn wir unsere Zwillingsflammen treffen.

Symptome des Erwachens des Lichts

- Sie verlieren jedes Gefühl für Ihr Ego und fühlen sich mit einer höheren Macht verbunden, die Verbindung ist intensiver als je zuvor.

- Sie fühlen sich gesegnet und in Liebe gebadet.

- Sie werden eins mit der Welt und empfinden intensives Mitgefühl für die Menschheit.

- Sie empfinden intensive Freude an den einfachsten Dingen.

- Ihrem Ehrgeiz sind keine Grenzen gesetzt; Sie fühlen sich dazu inspiriert, Großartiges zu leisten.

- Sie erleben eine erstaunliche Synchronizität mit den Menschen, die Sie lieben.

- Der Schleier über Ihrem Verhalten in der Vergangenheit wird gelüftet, und Sie verstehen, welchen Einfluss Sie auf andere hatten.

- Sie können sehen, wie Ihr Geist funktioniert und sich die physische Reise Ihrer Gedanken vorstellen.

- Das Universum segnet Sie mit einer Fülle von Informationen, die Ihnen ein höheres Maß an Erleuchtung erlauben.

Symptome des dunklen Erwachens

- Es kann zu sehr heftigen Krämpfen und beängstigenden Schüttelphasen kommen.

- Sie reagieren besonders empfindlich auf äußere Reize, beispielsweise ist der Fernseher zu laut, oder das Licht im Zimmer zu hell, und Sie haben das Bedürfnis diesen

Einflüssen zu entfliehen und möchten allein sein.

- Sie erleben gestörte Schlafphasen.

- Sie merken, dass Ihre Identität über die Grenzen Ihres Körpers hinausgeht, und dass ihr Leben nicht mehr durch Unsicherheit beeinflusst wird.

- Es kann zu Phasen intensiver Halluzinationen kommen, in denen es Ihnen schwerfällt, das Reale vom Imaginären zu unterscheiden. Das kann dazu führen, dass Sie das Gefühl haben, den Verstand zu verlieren.

- Sie haben Gefühle von drohendem Unheil, die Sie für eine kurze Zeit beherrschen, bis sie durch das Gefühl einer sanften Energie, die sie wegschmilzt, vertrieben werden.

Diese Symptome sind recht häufig und können erschreckend sein, aber sie werden nicht bei jeder Person auftreten. Spirituelle Energieverbindungen sind individuelle Erfahrungen, aber wenn Sie auf Ihre Zwillingsflamme treffen, erleben Sie zusätzlich eine gemeinsame Erfahrung, die das Gefühl intensiviert.

Einige Menschen haben berichtet, dass sie sich bei der Begegnung mit ihrer Spiegelseele sofort sexuell zu ihr hingezogen fühlten, während andere von einem Verlust der Libido berichten. Dies kann ein Hinweis auf die Art der Beziehung sein, die Sie mit Ihrer Zwillingsflamme führen werden. Es wäre zum Beispiel nicht angemessen, wenn Sie bei der ersten Begegnung mit einem zukünftigen Mentor das brennende Verlangen hätten, ihm die Kleider vom Leib zu reißen!

Weniger häufige Symptome des Erwachens:

- Es kann zu einem Gefühl der Erschöpfung ohne klare Ursache kommen, und Sie fühlen sich ermattet und haben in der Anfangsphase kein geistiges Zentrum.

- Manchmal haben Menschen in dieser Phase Träume über Schlangen. Die Kundalini-Energie wird oft als Schlangenenergie beschrieben.

- Das Gefühl, ohne Emotionen zu sein und sich wehrlos wie ein neugeborenes Kind zu fühlen, ist ebenfalls ein mögliches Symptom Ihrer Wiedergeburt als spirituelles

Wesen und kann sich manchmal erschreckend anfühlen.

- Höhen und Tiefen in Ihrem Energieniveau ohne offensichtlichen Grund gehören zu den weniger häufigen Symptomen.

- Sie können manchmal auch über Geräusche halluzinieren und Musik hören, die niemand sonst hören kann.

- Sie erleben Rückblenden in Ihr früheres Leben und sehen die Erlebnisse anderer Menschen in deren früheren Leben, vor allem, wenn sie einst Ihr eigenes Leben beeinflusst haben.

- Sie fühlen sich über den Zustand der Menschheit vor Traurigkeit überwältig und haben das Gefühl, den Planeten gemeinsam mit Ihrer Zwillingsflamme zu einem besseren Ort machen zu müssen.

- Sie haben außerkörperliche Erfahrungen, bei denen Sie die Erde transzendieren und sich mit Ihrem höheren Selbst in Verbindung setzen.

- Sie erleben abwechselnd Heißhunger und völligen Appetitsverlust, genau wie eine schwangere Frau es tut.

- Sie haben auch ohne körperlichen Kontakt intensive Orgasmen.

- Auch nicht diagnostizierbare körperliche Symptome wie starke Kopfschmerzen, Übelkeit, Hautausschläge und Verdauungsprobleme können Symptome des Erwachens sein.

Dieses Freisetzen von Energie kann für Sie beide eine freudige Zeit sein, vorausgesetzt, Sie sind darauf vorbereitet. Seien Sie füreinander da und unterstützen Sie sich gegenseitig, achten Sie auf sich und Ihr Nervensystem.

Seien Sie die mitfühlende Stütze, die Sie beide brauchen, und kümmern Sie sich umeinander. Sie befinden sich in der Flitterwochenphase. Das hört sich zwar verlockend an, aber Ihre tatsächliche Erfahrung hängt davon ab, wie Sie auf die Flut neuer Erfahrungen reagieren, die Sie in dieser Zeit erleben.

Wie man das Beste aus den Flitterwochen macht

Nur weil Sie beide Zwillingsflammen sind, heißt das nicht, dass Sie von dem Gefühl, dass man bei „normalen" Flitterwochen bekommt, ausgenommen sind. Diese können ein Teil des Schicksals eines Liebespaares sein, in manchen Fällen verlaufen Sie aber eher wie eine Zeit zwischen Freunden, die gemeinsam in den Urlaub gefahren sind. Wenn Sie sich eine Auszeit vom Lärm und Stress Ihres Alltags gönnen können, werden Sie sich beide in Ihrer Beziehung wohler fühlen. Wenn Sie über ein gesundes Budget verfügen, dann ist die Welt voll von Traumzielen, die Sie beide gemeinsam erkunden können. Lassen Sie uns also einige idyllische Ziele betrachten, an denen Sie gemeinsam traumhafte Flitterwochen verbringen können.

Spirituelle Reiseziele für die Flitterwochen

1) **Omega Institute for Holistic Studies:** Eingebettet in das malerische Hudson Valley, bietet dieser Rückzugsort saisonale Aktivitäten für jeden Geschmack. Im Sommer können Sie nach New York reisen und mit Gleichgesinnten an einer Vielzahl von Veranstaltungen teilnehmen. Sie können auf dem See Kanu fahren, schwimmen oder Kajak fahren oder versuchen, das Labyrinth vor Ort gemeinsam zu durchwandern. Es werden Meditations- und Yogakurse sowie andere spirituelle Praktiken angeboten, und Sie können die beeindruckende Bibliothek mit 7.000 Büchern nutzen, um sich intellektuell weiterzubilden. Besucher werden ermutigt, ihren Aufenthalt auf ihre persönlichen Bedürfnisse abzustimmen, und die Mitarbeiter werden mit Ihnen zusammenarbeiten, um sicherzustellen, dass Ihre Reise Ihren Vorstellungen entspricht.

2) **Miraval:** In den Tiefen des südlichen Arizonas befindet sich ein traumhaftes Top-Spa-Resort, das als eines der besten in den USA gilt. Es sieht zwar aus wie jedes herkömmliche Spa-Resort mit all dem Luxus und Komfort, den Spas üblicherweise anbieten, aber schauen Sie sich die angebotenen Pakete einmal genauer an.

Miraval bietet Ihnen ein einzigartiges Erlebnis, die sogenannte „Equine Experience". Durch die Interaktion mit speziell ausgebildeten Pferden werden die Besucher ermutigt, ihre Ängste und Selbstzweifel loszulassen. Es gibt auch Programme, die sich mit den sexuellen Aspekten des Lebens befassen und Ihnen dabei helfen können, die Probleme in Ihrem Liebesleben zu lösen.

3) **Canyon Reach:** Mit ihren Resorts in vier verschiedenen Teilen der USA will die Canyon Ranch Ihnen dabei helfen, ein höheres Maß an Gesundheit und Wohlbefinden zu erreichen. Neben ausgewogenen Gourmet-Mahlzeiten werden auch Ernährungskurse angeboten. Hier lernen Sie mehr darüber, wie Ihre Ernährung Ihre allgemeine Gesundheit beeinflusst. Es wird auch ein medizinischer Check angeboten, um sicherzustellen, dass die Gäste das richtige Maß an Fitness für die Teilnahme an den Programmen haben. Dieser gehobene Rückzugsort bietet die perfekte Gelegenheit, um fit zu werden und von dem professionellen Trainingsangebot zu profitieren. So lassen sich die Flitterwochen so richtig genießen.

4) **Shreyas Yoga Retreat Bangalore:** Dieser indische Ashram bietet ein spirituelles Paradies in einer der schönsten Gegenden des Kontinents für abenteuerlustige Reisende. Es gibt nur zwölf Zimmer in einem 25 Hektar großen Garten, so dass jeder Gast ein einzigartiges Erlebnis hat und als Teil der Familie behandelt werden kann. Dieses Resort unterscheidet sich von den meisten Spa-Urlaubszielen, da es sich darauf konzentriert, die Gäste auf eine spirituelle Reise zu entführen. Dazu gehören traditionelle Yoga- und Spa-Behandlungen, aber auch die Interaktion mit der Natur.

Die Gäste werden dazu ermutigt, an naturbezogenen Aktivitäten in der Umgebung teilzunehmen und lokale Dörfer zu besuchen. Sie haben die Möglichkeit zu sehen, wie die Menschen auf den umliegenden Feldern arbeiten, und sie können in einem örtlichen Waisenhaus bei der Zubereitung von Mahlzeiten helfen. Diese Erfahrung wird

Ihr kritisches Denken fördern und Ihr Bewusstsein dafür erhöhen, dass Sie ein privilegiertes Leben genießen.

5) **Turtle Island Fiji:** Dieses Resort ist eher für romantische Paare geeignet, kann aber auch als Freundschaftsurlaub gebucht werden. Es sind nie mehr als 14 Paare gleichzeitig im Resort, so dass Sie sich dort nie eingeengt oder überfordert fühlen werden. Jedes Paar hat einen eigenen Strandabschnitt und kann sich in einer traditionellen fidschianischen Zeremonie trauen lassen, zu der auch traditionelle Kleidung und ein Hochzeitsfloß gehören. Die Mahlzeiten werden in einem Gemeinschaftsraum im Freien serviert, dazu gibt es den besten französischen Champagner. Auch wenn Ihnen dies eher luxuriös als spirituell erscheinen mag, ist die Umgebung doch perfekt, um Ihre Zwillingsflamme besser kennen zu lernen.

Nicht jeder kann das reale Leben hinter sich lassen und an weit entfernte Orte reisen, um seine Beziehungen zu erforschen. Wie soll man also eine Verbindung aufbauen, wenn andere Menschen ständig stören? Teilen Sie Ihre Lieblingsaktivitäten. Schauen Sie sich gemeinsam einen Film an und genießen Sie dabei etwas Pizza und Wein.

Ihre Zwillingsflamme ist mit Sicherheit so aufgeregt über die neuen Erfahrungen wie Sie, also nutzen Sie diese spannende Zeit. Nehmen Sie sich ein Wochenende frei, um gemeinsam zu zelten und sich mit der Natur zu verbinden. Einen Sonnenuntergang mit der Person zu erleben, von der Sie Ihr ganzes Leben lang geträumt haben, kann genauso wundervoll sein wie der Besuch eines Luxusresorts. Das Gefühl des warmen Regens auf Ihrem Gesicht kann Ihre Seele mit einer Freude erfüllen, die genauso befriedigend ist wie Sex. Ihre spirituelle Verbindung kann sich überwältigend anfühlen, also denken Sie daran, Ihre gemeinsame Zeit zu genießen, so intensiv sie auch sein mag

Kapitel 7: Phase 4: Die Prüfung (Krisenphase)

Wann beginnt die Krisenphase? Das kann unterschiedlich sein, je nach Beziehung und nach dem Grad des Kontakts, den die Zwillingsflammen miteinander haben. Wenn Sie mit Ihrer Zwillingsflamme zusammenleben, dann wird die Krisenphase wahrscheinlich früher eintreten. Wenn Sie Ihre Zwillingsflamme nur bei der Arbeit oder im gesellschaftlichen Leben sehen, kann es Jahre dauern, bis Sie diese Phase erreichen.

Die meisten Paare werden nach ihrer ersten ernsthaften Meinungsverschiedenheit Veränderungen in ihrer Beziehung feststellen. Wir alle wissen, dass auch die gesündeste Beziehung Rückschläge erleiden kann, aber warum sind Zwillingsflammen stärker von Turbulenzen und Problemen in ihrer Beziehung betroffen? Es liegt daran, dass deren Beziehung von einer eher normalen irdischen Verbundenheit auf eine höhere Ebene aufgestiegen ist, die alles intensiviert und jede Emotion verstärkt.

Die Hauptursachen für Turbulenzen in der Krisenphase

Wenn sich erst einmal Zweifel eingestellt haben, kann das die Schleusen für weitere negative Gefühle in Bezug auf Ihre Beziehungen öffnen. Sie haben Ihre Flitterwochen in dem

Glauben verbracht, dass Ihre Beziehung kugelsicher ist. Sie leben wie in einem Märchen, und jeden Tag stellen Sie neue Ähnlichkeiten zwischen sich selbst und Ihrem Zwilling fest. Sie haben die perfekte Beziehung, und können sich vermeintlich jeder Herausforderung stellen, bis etwas Unerwartetes passiert!

Warum kommt es zu einer Distanzierung zwischen Menschen, die so eng miteinander verbunden sind?

Bedenken Sie die Fakten. Eine „normale" Beziehung besteht zwischen zwei Menschen, die sich zueinander hingezogen fühlen, oder zwischen zwei Personen, die sehr unterschiedlich sein können. Ihre Persönlichkeiten sind gegensätzlich, und ihre Interessen können ebenfalls sehr unterschiedlich sein. Sie entwickeln ihre Beziehung, indem sie verschiedene Dinge ausprobieren. Sie versuchen herauszufinden, ob sie zusammenleben können, obwohl sie so unterschiedlich sind. Das ist das Schöne an normalen Beziehungen und an der Freude, herauszufinden, ob andere Menschen mit den eigenen Macken und Marotten leben können.

Zwillingsflammen sind anders. Sie beide sind zwei Hälften ein und desselben Wesens, also sollten Sie niemals Unstimmigkeiten erleben, oder? Überlegen Sie einmal, wie Sie gelebt haben, bevor Sie Ihre Zwillingsflamme getroffen haben. Fanden Sie jeden Aspekt von sich selbst perfekt? Waren Sie voller Selbstvertrauen und hatten nie das Bedürfnis, sich zu verbessern? Viele Menschen verfügen über ein geringeres Selbstwertgefühl, und das kann die Turbulenzen in der Beziehung verursachen.

Schließlich ist es viel einfacher, jemanden zu lieben, der anders ist als man selbst und der einen vervollständigt. Doch wenn Sie sich selbst nicht so lieben, wie Sie sind, wie können Sie dann ein Spiegelbild Ihrer selbst aufrichtig lieben?

Wenn Sie in einer intimen Beziehung mit Ihrem Zwilling leben, kann Sex der Auslöser für Ihre Krisenphase sein. Der Akt der Intimität wird vergangene Wunden und Traumata auslösen. Sie werden sich beide fragen, ob die angesammelte Negativität, die Sie mit in die Beziehung bringen, überwunden werden kann.

Ein Übermaß an ausgetauschten Informationen über die gegenseitigen Gefühle kann zu vielen Auseinandersetzungen fühlen und zum Fokus Ihrer Beziehung werden.

Warum kann Drama so süchtig machen?

Die emotionalen Trigger aus Ihrer Vergangenheit können ein emotionales Chaos verursachen, das dazu führt, dass Sie nicht mehr normal funktionieren können. Sie konzentrieren sich zu sehr auf den Herzschmerz und das Trauma vergangener Momente, so dass Sie beide im Moment festsitzen und keine Energie mehr finden, um über den Streit hinwegzukommen.

Sobald der Körper Stress ausgesetzt wird, schüttet das Gehirn Chemikalien aus, die sich auch in Opiaten finden lassen. Das heißt, je mehr das Drama eskaliert, desto mehr sehnt sich der Körper nach weiteren Konflikten. Manche Menschen glauben, dass sie nur dann Liebe und Aufmerksamkeit bekommen, wenn sie eine Situation schaffen, die auf Spannung basiert. Sie glauben, dass sie sich nur so sicher sein können, dass die Menschen, die sie lieben, bei ihnen bleiben, wenn die Zeiten schlecht sind.

Wie bei anderen Süchten auch, entwickeln Körper und Geist eine Toleranz für den ständigen Stress, sodass das Drama in der Beziehung stetig zunimmt. Bei Zwillingsflammen ist dies noch ausgeprägter. Schließlich teilen Zwillingsflammen positive wie negative Gefühle und wenn ein Teil der Zwillingsflamme geradezu süchtig nach Stress ist, so ist es der andere auch! Als Paar werden sie Dinge aus der Vergangenheit wieder aufwärmen, um sich gegenseitig zu versichern, warum Sie solche Angst davor haben, von Ihrem Partner verletzt zu werden. Sie werden sich hauptsächlich auf die diversen Probleme konzentrieren und dabei alles Positive aus den Augen verlieren.

So erkennen Sie, dass Sie in einem Zwillingsflammendrama feststecken:

1) **Sie erzählen Gott und der Welt immer zu von Ihrer Beziehung:** Wenn Sie sich in den sozialen Medien dabei ertappen, wie Sie Ihren Beziehungsstatus ändern und in Foren und Blogs über Ihr Privatleben schreiben, dann sind Sie womöglich süchtig nach Ihrem eigenen Drama!

2) **Ihr Verstand hängt unerlässlich der Erinnerung an den Konflikt nach:** Selbst, wenn Sie nicht mit Ihrem Zwilling zusammen sind oder sich eine Pause gegönnt haben, können Sie einfach nicht loslassen. Ihnen schwirren die ganze Zeit Erinnerungen an Streitgespräche und Meinungsverschiedenheiten durch den Kopf. Dieses automatische und ständige Überdenken der Situation führt dazu, dass Sie sich selbst und Ihre Beziehungen zueinander und zu anderen Menschen ständig in Frage stellen. Sie werden von den Ängsten und der Wut, die Ihren Kopf füllen, überwältigt, und Sie machen sich ständig Sorgen über die Vergangenheit und die Zukunft.

3) **Sie streiten mit sich selbst:** In Ihrem Kopf streiten Sie ständig mit sich selbst darüber, wie die Beziehung gerade läuft. Sie finden Ausreden für Ihren Zwilling und werden wütend auf sich selbst und ihn.

4) **Ihre frühere Identität gehört der Vergangenheit an:** Wenn Sie an sich selbst denken, tun Sie das im Kontext ihres Partners. Sie identifizieren sich ausschließlich als Teil Ihrer Zwillingsflamme und nicht mehr als Individuum. Tief in Ihrem Inneren wissen Sie, dass Ihre Individualität der Vergangenheit angehört, und dass sie verschwunden ist, seit Sie Ihre Zwillingsflamme getroffen haben.

5) **Sie rechtfertigen Ihre negativen Erfahrungen und vergleichen Sie mit den Erfahrungen anderer Zwillingsflammen:** Wenn Sie nach Beispielen für unglückliche Zwillingspaare suchen und sie mit Ihrer Situation vergleichen, dann konzentrieren Sie sich vielleicht auf den falschen Teil Ihrer Beziehung!

6) **Sie bitten unablässig andere Leute um Rat:** Wenn Sie es nicht länger als ein paar Tage aushalten, ohne im Internet nach spirituellem Rat zu suchen oder einen Tarotkartenleser zu konsultieren, haben Sie möglicherweise ein Problem. Die Einsicht in Ihre Situation sollte sich auf Ihre Beziehung stützen und nicht auf ein „Orakel" oder den Rat eines Hellsehers verlassen.

7) **Ihr Drama ist das Hauptgesprächsthema:** Haben Sie bemerkt, dass Ihre Mitmenschen mit den Augen rollen

oder sich entschuldigen, wenn Sie über Ihre Zwillingsflamme und die Probleme, die Sie mit ihr haben, sprechen? Das ist ein sicheres Zeichen dafür, dass Sie Ihr Leben von Ihrer Beziehung und dem Drama, das diese verursacht, beherrschen lassen. Was ist bloß mit Ihren anderen Leidenschaften und Interessen passiert??

Wie Sie den Kreislauf des Dramas beenden und sich auf die positiven Aspekte Ihrer Beziehung konzentrieren können

1) **Für einen Moment abschalten:** Treten Sie zurück, nehmen Sie Abstand von der Situation und atmen Sie tief durch. Setzen Sie sich in einen dunklen Raum, konzentrieren Sie sich auf Ihren Atem und sagen Sie sich, dass sich etwas ändern muss. Sie wissen, dass Sie außer Kontrolle geraten sind und dass es an der Zeit ist, zu einer Form der Normalität zurückzukehren.

2) **Reinigen Sie Ihre Energie:** Wenn Sie sich in der Krisenphase befinden, sind Sie von dunkler Energie erfüllt, die Ihr Leben beherrscht. Die Sucht nach Ihrem Drama kann sich wie ein Ohrwurm anfühlen, der in Ihrem Gehirn ständig in einer Schleife läuft. Das Drama kann sich in Ihrer Psyche festsetzen und Sie bis in Ihre Träume verfolgen. Der beste Weg, um diese Gefühle loszuwerden, ist, jegliche negative Energie zu entfernen und mit einem Neuanfang zu beginnen.

Probieren Sie diese wirksamen und doch einfachen Methoden zur Energiereinigung aus.

- **Das Kabel durchtrennen:** Wer ist der Hauptdarsteller in Ihrem Drama? Der Protagonist ist natürlich Ihr Zwilling. Aber wer steht noch am Rande Ihrer Beziehung und steckt seine Nase in Ihre Angelegenheiten? Stellen Sie sich all die Menschen vor, die Sie in Aufruhr versetzen, und lassen Sie sie im Geiste los. Denken Sie an sie und stellen Sie sich eine Schnur vor, die sie mit Ihnen verbindet. Sagen Sie dann: „Ich segne dich mit positiver Energie und lasse dich los", während Sie die Schnur durchschneiden. Beobachten Sie, wie die schlechten Energien wegfliegen, und spüren

Sie die Leere, die dadurch in Ihrem Geiste hinterlassen wird. Überlegen Sie jeden Abend vor dem Einschlafen, welche negativen Energien nach einem langen Tag an Ihnen haften, und lassen Sie sie los. Das hilft Ihnen dabei, mit einem klaren und gesunden Geist in den Schlaf zu gleiten.

- **Negative Gedanken beseitigen:** Nehmen Sie sich ein Notizbuch und schreiben Sie alles Negative auf, dass Ihnen gerade in den Kopf kommt. Wenn Zwillingsflammen eine Verbindung eingehen, kann dies einige ziemlich verheerende Gefühle aus der Vergangenheit zum Vorschein bringen. Diese sind oft das Resultat von jahrzehntelanger Unterdrückung und brechen schließlich mit überwältigender Kraft über Sie herein. So können sie Ihr geistiges Gleichgewicht völlig zerstören. Einige dieser Gedanken haben ihren Ursprung in persönlichen Erfahrungen aus Ihrer Vergangenheit. Es können aber auch willkürlich die Meinungen und Erwartungen anderer Menschen auftauchen. Vielleicht denken Sie, dass Sie nicht gut genug für Ihren Zwilling sind, oder dass er etwas Besseres verdient hat. Diese Denkweise ist schädlich, und Sie sollten alle negativen, überflüssigen und sich wiederholenden Gedankenformen vertreiben, um Platz für positive Gedanken zu schaffen. Stellen Sie sich ein helles, weißes, reinigendes Licht vor, das Ihnen dabei hilft, alle geistigen Ablagerungen, die in Ihr Energiefeld eindringen, zu beseitigen.

- **Schaffen Sie einen heiligen Raum:** Wenn die emotionalen Kämpfe zwischen Ihnen und Ihrem Zwilling wirklich so unvermeidlich sind, dann brauchen Sie einen Ort, an dem Sie sich wieder mit positiver Energie aufladen können. Ihre Energie ist wie ein Akku, der immer wieder Strom braucht. Suchen Sie dazu einen heiligen Ort auf, beispielsweise einen ruhiger Raum in Ihrem Haus oder Ihren Lieblingsort in Ihrem örtlichen Park. Ein Ausflug an den Strand oder an einen anderen schönen Ort in der Nähe wird Ihnen die Gelegenheit geben, Ihre Gedanken zu sammeln und Ihre positive Einstellung zu verbessern. Wenn es keinen ruhigen physischen Ort in Ihrer Umgebung gibt, dann schaffen Sie sich einen energetisierenden Raum in Ihrer Vorstellung. Stellen Sie sich vor, Sie wären im Weltraum oder auf einem anderen Planeten, um das Beste aus Ihrer Visualisierung herauszuholen. Suchen Sie im Geiste Abstand.

- **Weinen Sie sich ordentlich aus:** Haben Sie sich jemals gefragt, warum Kinder so oft weinen? Kinder wissen, dass das Weinen ihnen eine emotionale Befreiung ermöglicht, die auch ihre Energie reinigen und positive Schwingungen erzeugen kann. Als Erwachsene sind wir darauf konditioniert, unser Weinen auf ein Minimum zu beschränken und tapfer zu bleiben, wenn wir ein Trauma erleben. Lassen Sie Ihre Gefühle am besten einfach raus. Wenn Sie sich emotional ausgelaugt fühlen, müssen Sie Ihre Aura reinigen, und das Weinen kann Ihnen dabei helfen. Vielleicht fühlen Sie sich nicht dazu in der Lage, Ihrer Traurigkeit freien Lauf zu lassen. In solchen Fällen kann ein Auslöser helfen, der Sie zum Weinen bringt. Schauen Sie sich beispielsweise einen angemessen traurigen Film auf Ihrem iPad an, schnappen Sie sich eine Handvoll Taschentücher und weinen Sie sich so richtig aus!

- **Nehmen Sie ein Salzbad:** Um Ihre Energie und Ihren Körper zu reinigen, ist diese traditionelle Art der Entspannung perfekt. Salz ist eines der natürlichsten reinigenden Elemente, und Meersalz ist sogar noch wirksamer. Verwenden Sie Himalaya-, Bittersalz oder normales Meersalz in einem heißen Bad, um all die negative Energie, die sich an Ihnen festhält, herauszulassen.

3) **Lösen Sie sich von Bindungen an Gruppen oder Chats, in denen sich Zwillingsflammen über Ihre Erfahrungen austauschen**: Ihre Erfahrungen mit Ihrem Zwilling sollten eine Privatangelegenheit zwischen Ihnen beiden bleiben. Es mag verlockend sein, mehr über die Erfahrungen anderer Menschen herauszufinden und in deren persönliche Traumata und Konflikte verwickelt zu werden, aber es kann auch Ihren Geist durcheinanderbringen. Sie könnten aus Versehen einen Streit verursachen, indem Sie das Drama anderer Menschen in Ihre Beziehung hineintragen. Lösen Sie sich von äußeren Einflüssen. Nur so können Sie herausfinden, was den Konflikt in Ihrer Beziehung verursacht.

4) **Vergeben und Vergessen**: Sobald Ihre Energie gereinigt ist, ist es an der Zeit, ein paar Brücken zu bauen. Nehmen Sie Kontakt zu Ihrem Zwilling auf und bitten Sie ihn, Ihnen zu vergeben, sowie Sie auch ihm vergeben. Das kann Ihnen einen Neuanfang ermöglichen. So haben Sie dann die Gelegenheit, zu dem Paar zu werden, dass Sie beide schon immer sein wollten. Damit dies geschehen kann, muss es Ihnen beiden gut gehen, sonst geraten Sie wieder in das Hamsterrad der Gefühle, aus dem Sie eigentlich aussteigen wollen. Denken Sie daran, dass Sie im Grunde ein und dasselbe wollen. Das Drama und der Aufruhr nutzen keinem von Ihnen. Vielmehr schadet es Ihnen beiden, und muss aus diesem Grund dringend angesprochen werden. Wenn Sie das Gefühl haben, dass Ihr Zwilling Sie absichtlich verletzt hat, sollten Sie überlegen, was das über seinen emotionalen Zustand aussagt. Niemand, der selbst glücklich ist, hat das Bedürfnis, andere Menschen zu verletzen. Die Verletzung entstammt dem Schmerz und der möglichen Angst vor dem, was zwischen Ihnen beiden geschieht.

5) **Ersetzen Sie Ihre Sucht nach Drama durch eine andere positivere Aktivität**: Selbst, wenn Sie entschlossen sind, das Drama aus Ihrer Beziehung zu verbannen, müssen Sie sich darüber im Klaren sein, dass Sie beide die Konflikte

und die Rolle, die diese in Ihrer Beziehung gespielt haben, vermissen werden. Füllen Sie diese Lücke mit einer anderen positiven Aktivität, damit Sie beide mit einem neuen Muster weitermachen können, das das alte ersetzt. Denken Sie an die Rolle, die das Kaugummikauen für Menschen spielen kann, die versuchen, das Rauchen aufzugeben. Viele ehemalige Raucher werden Ihnen sagen, dass der Kaugummi bei der Entwöhnung effektiver ist als alles andere, weil es eine alte, negative Gewohnheit durch eine neue ersetzt. Sport, Kochen, Lesen oder Fernsehen – all diese Aktivitäten können als Alternativen geeignet sein. Wenn Sie über etwas nachgrübeln müssen, essen Sie dabei besser ein Stück Obst oder machen Sie das Radio an, anstatt sofort Streit zu suchen.

6) **Bei Bedarf wiederholen**: Die oben erläuterten Methoden sind keine Universallösungen für alle Zwillingsflammenbeziehungen, aber sie werden helfen. Sie müssen diese vielleicht jeden Tag anwenden, aber der Erhalt Ihrer Beziehung wird Ihnen die Mühe wert sein. Alle zwischenmenschlichen Verbindungen sind harte Arbeit, besonders, wenn sie lange halten sollen. Aber schließlich haben Sie so lange auf die Ankunft Ihrer romantischen Zwillingsflamme gewartet, dass es tragisch wäre, wenn Sie diese durch einen dummen Streit wieder verlieren.

Wie nicht-romantische Zwillingsflammen-Beziehungen Krisen erleben

Wenn man sich mit seiner Zwillingsflamme auf eine Art und Weise verbindet, die keine Intimität oder Sex beinhaltet, fällt doch sicher die ganze Spannung weg, die durch die romantischen Bindungen erzeugt wird, oder nicht? Das würden wir gerne glauben, aber jeder, der die Beziehung zwischen Seelenverwandten und Zwillingsflammen am eigenen Leibe erlebt hat, weiß, dass das Gegenteil der Fall ist.

Sobald Sie sich mit Ihrer Seelengruppe oder Ihrer Spiegelseele verbunden haben, haben Sie eine Dimensionsverschiebung durchlaufen, die die meisten menschlichen Erfahrungen übersteigt. Sie sind wahrscheinlich ein spirituell gesundes Wesen, das diese Art von Verbindungen gerne erlebt, was dazu führen kann, dass Sie andere Menschen, die nicht so weit entwickelt sind wie Sie, ablehnen. Selbst wenn Sie die bessere spirituelle Version Ihrer selbst werden, liegt die Messlatte höher. Sie sind körperlich gesünder und emotional stärker, und es fällt Ihnen schwer, zu verstehen, warum andere Menschen nicht die gleichen Anstrengungen unternehmen, um ihr eigenes Leben zu verbessern.

Diese Wahrnehmungsverschiebung kann in Ihrer Welt viel Chaos verursachen, noch bevor Sie Ihre Zwillingsflamme treffen. Das Phänomen wird schließlich durch die Begegnung mit der Zwillingsflamme nur noch verstärkt. Wenn Sie sich des Konfliktpotenzials Ihrer Beziehungen bewusst sind, sollten Sie sich auf den unvermeidlichen Konflikt vorbereiten.

1) **Sie werden Freunde verlieren:** Ihre Persönlichkeit wird sich verändern, und die Energie, die Ihre Zwillingsflammenverbindung mit sich bringt, wird Sie in eine höhere Position bringen. Das wird Sie von den Menschen trennen, die einst in Ihrem Leben waren, bevor Sie aufgestiegen sind. Solche Personen mögen sich in Ihrer Gegenwart mittlerweile unwohl fühlen. Die Schwingungsfrequenzen werden kollidieren, und sie werden sich abgeschnitten und verlassen fühlen. Einige der einflussreichsten Menschen in Ihrem Leben, sogar diejenigen, die Sie seit Ihrer Kindheit kennen, werden wegfallen. Machen Sie sich aber bitte keine Sorgen, denn Sie sind jetzt Teil eines anderen Clubs. Schließen Sie sich der weltweiten Zwillingsflammengemeinde an und mischen Sie sich unter Menschen, die das Konzept der Zwillingsflammen-Erfahrungen verstehen.

2) **Sie werden den Job wechseln:** Die Verschiebung der Dimensionen wird sich auf alle Aspekte Ihres Lebens auswirken. Das ist eine Tatsache. Sie werden damit anfangen, bessere Dinge zu erwarten, wann und wo immer Sie sind. Betrachten Sie es als eine Art spiritueller V.I.P.- Status, als wenn Sie im Flugzeug in die Business Class

eingeladen werden. Ihre Seele wird mehr wollen, und sie wird Sie aus Ihrer Komfortzone drängen, um das zu erreichen, was sie als Ihre Bestimmung ansieht. Vielleicht machen Sie an dieser Stelle Ihre Zwillingsflamme für diese unangenehmen Gefühle verantwortlich und wünschen sich, Sie hätten sie nie getroffen. Dies ist nur eine Phase auf Ihrem gemeinsamen Weg zum Erfolg. Es wird Zeiten der Unruhe geben, aber halten Sie durch, denn das Ergebnis wird die schwierigen Zeiten rechtfertigen.

3) **Sie könnten den Kontakt zu Familienmitgliedern verlieren:** Wenn Ihre Zwillingsflamme nicht zu Ihrem eher traditionellen familiären Kreis gehört, kann das zu Konflikten führen. Ihre Familie erwartet, dass Sie sich ganz auf sie und ihre Bedürfnisse und Wünsche konzentrieren, daher kann es störend sein, wenn sich dieser Fokus verschiebt. Wenn Sie sich verändern und bessere Dinge erwarten, kann es sein, dass sie stagnieren und an Ihren gegenwärtigen familiären Aktivitäten eher wenig beteiligt sind, und das ist auch in Ordnung. In Familien dreht sich alles um Drama und Intrigen, so dass unvermeidlich Probleme auftreten. Trennen Sie sich von toxischen Verbindungen und konzentrieren Sie sich auf Ihre geistige Gesundheit. Denken Sie daran: Nur weil Sie in eine Gruppe von Menschen hineingeboren wurden, heißt das nicht, dass Sie ein Leben lang an sie gebunden sind.

4) **Sie werden intolerant gegenüber unbedeutenden Handlungen:** Sie und Ihre Zwillingsflammen sind mit höheren Schwingungen erfüllt, die es Ihnen ermöglichen, Ihr wahres Leben zu leben, ohne sich auf Angelegenheiten auf niedrigerer Ebene zu konzentrieren. Das Problem ist, dass wir Menschen dazu neigen, uns diesen niederen Verhaltensweisen hinzugeben, ein solches Verhalten ist Zwillingsflammen zuwider. Klatschtanten, Tyrannen, Lügner, Betrüger und Paranoide sollten Sie alle loswerden. Ihr altes Leben mag solche Verhaltensweisen zugelassen haben, aber das neue,

erleuchtete Leben wird ein besseres Leben. Sie werden nicht unbedingt auf andere Menschen herabblicken oder ihre Existenz bemitleiden; Sie werden einfach beschließen, sich nicht mehr mit ihnen einzulassen. Ihre Zwillingsflamme könnte für Ihre neue Einstellung verantwortlich gemacht werden, was zu Konflikten führen könnte.

5) **Alkohol und andere Stimulatoren gehören nicht mehr in Ihr Leben:** Wenn Sie einmal das Hochgefühl der Zwillingsflammen-Verbindung erlebt haben, gibt es kein Zurück mehr. Sie werden verstehen, was Sie antreibt und erkennen, dass es nicht die Toxine sind, auf die sich andere Menschen verlassen. Höhere Schwingungsfrequenzen führen zu einer spontanen natürlichen Reinigung des Systems. Sie werden stärker von natürlichen Stimulanzien beeinflusst und müssen nicht mehr zu Koffein oder Zucker greifen, um Ihr Energieniveau zu erhöhen. Dies kann zu Konflikten in Ihrer sozialen Gruppe führen, da Sie nicht mehr in Bars oder Cafés gehen müssen und es gegebenenfalls vorziehen werden, Ihre Seele mit Museumsbesuchen und kulturell bereichernden Veranstaltungen zu füttern.

6) **Sie werden eher Ihrer Seele als Ihrem Ego folgen:** Sie werden besser verstehen, wie wichtig der göttliche Plan für ihr Leben ist und wie er Sie auf Ihrem Weg steuert. Sobald Sie den traditionellen Glauben, dass Ihr Ego das Sagen haben sollte, loslassen, werden Sie sich besser auf das Hier und Jetzt konzentrieren. Das kann dazu führen, dass Sie eher dazu bereit sind, mit dem Strom zu schwimmen. Das kann zu Konflikten führen, sofern Ihr göttlicher Plan den Bedürfnissen und Wünschen anderer Menschen in Ihrem Leben zuwiderläuft.

Es ist wichtig, dass Sie verstehen, dass alle Zwillingsflammenbeziehungen die Konfliktphase durchlaufen müssen. Einige werden Sie überleben und ihre Beziehungen werden weiter gedeihen; andere werden einen anderen Weg einschlagen.

Kapitel 8: Phase 5: Die Jagd oder die Flucht

In dieser Phase der Beziehung sind Sie vielleicht beide von all dem Aufruhr und den Turbulenzen erschöpft, die Sie durchgemacht haben. All die Jahre, in denen Sie sich nach „dem Richtigen" gesehnt haben und sich wünschten, Sie könnten sich vervollständigt fühlen, scheinen endgültig der Vergangenheit anzugehören. Die berauschenden Tage der Anziehung und der Liebe sind durch den Stress und die Angst, die durch Ihre Krisenphase verursacht wurden, ausgelöscht worden.

Wahrscheinlich befinden sich Ihre Seelen auf unterschiedlichen Reifegraden, und einer von Ihnen wird mit der Intensität schwerer umgehen können als der andere. Die jüngere Seele wird oft das Bedürfnis verspüren, zu fliehen, während die ältere Seele zu dem Partner wird, den man den *Verfolger* nennt. Die meisten Zwillingsflammenpaare werden diese Phase durchlaufen, aber die Dauer der Phase ist von den Persönlichkeiten beider Partner und den genauen Umständen abhängig.

Wenn Sie in Ihrer Beziehung der Verfolger sind, ist es wichtig zu wissen, worauf Sie achten müssen, wenn Ihr Partner zu fliehen beginnt. Wenn Sie die ersten Anzeichen kennen, können Sie sich auf den Auszug des Partners vorbereiten und verstehen, warum die Beziehung eine Pause braucht. Es sollte keine

Schuldzuweisungen geben, wenn man sich trennt; eine Trennung könnte das Gesündeste sein, was man als Paar tun kann, aber die Rolle, die Sie beide dabei spielen, sollte genau festgelegt werden, bevor Sie diese Phase der Zwillingsflammenreise beginnen.

So erkennen Sie, ob Ihre Zwillingsflamme ein Läufer ist

Zunächst müssen Sie verstehen, dass der Hauptgewinn in einer Zwillingsflammenbeziehung nicht immer eine lebenslange romantische Beziehung ist. Die männliche göttliche Seele wird oft das Bedürfnis haben, andere Beziehungen zu haben, obwohl sie mit ihrer weiblichen göttlichen Seele verbunden ist. So funktioniert eben die männliche Seele, und der Versuch, die Hintergründe dieses Dranges zu verstehen, ist sinnlos.

Die Läufer wissen nicht immer, warum sie gehen; sie haben einfach das Gefühl, dass die Trennung von ihrem Zwilling der einzige Weg ist, um im Leben weiterzukommen. Das bedeutet nicht, dass die Gefühle, die sie haben, weniger intensiv sind als die des Verfolgers, sie sind nur weniger gut dazu in der Lage, mit ihnen umzugehen. Der Prozess beginnt, wenn der Läufer daran zu zweifeln beginnt, dass die Verbindung wirklich das ist, was er will, und er beginnt, sich in verschiedenen Bereichen zurückzuziehen.

1) **Ghosting:** Dies ist wahrscheinlich eine der grausamsten Strategien, um sich aus einer Beziehung zurückzuziehen. Bei diesem Verfahren stellt der Läufer plötzlich und ohne Vorwarnung alle Formen der Kommunikation eins und antwortet auf keine Ihrer Nachrichten. Sie werden sich zunächst fragen, was passiert ist und sich wundern, ob Sie Ihren Partner verletzt haben, oder ob ihn ein plötzlicher Notfall dazu veranlasst hat, die Stadt zu verlassen. Bei näherer Betrachtung stellen Sie dann fest, dass die Person Sie aus ihrem Leben ausgeschlossen hat. Sie sind in den sozialen Medien blockiert worden, die Person hat ihre Nummer geändert, und Sie haben keine andere Möglichkeit, mit ihnen zu kommunizieren.

Warum sollte jemand eine so brutale Strategie wählen, um eine Beziehung zu beenden? Wenn man es aus der Perspektive des Läufers betrachtet, bietet diese Strategie einen schnellen und einfachen Ausweg. Es gibt kein Drama, keine Hysterie, keine schwierigen Gespräche, keine Erklärungen. Der Läufer geht einfach, und Sie müssen sich um das Chaos kümmern.

2) **Sie werden hingehalten:** Dies ist eine Methode, die von Zwillingen angewandt wird, die sich alle Optionen offenhalten wollen. An einem Tag zeigen Sie Ihnen ihre Liebe, und geben Ihnen alles, was Sie brauchen, und am nächsten Tag behandeln sie Sie wie eine entfernte Bekannte. Sie sind nicht bereit, die Tür ganz zu schließen, aber sie wollen trotzdem sehen, welche Beziehungsmöglichkeiten es sonst noch für sie gibt. Das bedeutet nicht immer, dass sie den sexuellen Kontakt einstellen, denn das ist eher eine dreidimensionale Reaktion auf die Ablehnung. Bei Zwillingsflammen geht die Beziehung oft über den Sex hinaus, und der Läufer wird tiefere Beziehungsaspekte an manchen Tagen akzeptieren und sie an anderen ablehnen. Der Läufer wird Ihnen seine intimsten Gefühle mitteilen und Sie dann plötzlich wieder wie einen Fremden behandeln.

3) **Ihr Partner engagiert sich in Gruppen von Menschen, die nicht zu Ihrem sozialen Umfeld gehören:** Wenn Ihr Partner mehr Zeit mit seinen Freunden oder Kollegen verbringt, versucht er, Sie aus seinem Leben auszuschließen. Seien Sie davon nicht beleidigt, stellen Sie sich darauf ein, dass er die Beziehung verlassen könnte.

4) **Die Verbindlichkeit herabsetzen:** Aufgrund der Art Ihrer Beziehung kann es gesellschaftliche Tabus geben, die dazu führen, dass die Gesellschaft Ihre Verbindung missbilligt. Auch wenn Sie der Meinung sind, dass Sie beide diese Hindernisse überwinden können, sind die anderen Menschen in Ihrem Umfeld vielleicht weniger überzeugt.

Hier sind einige der häufigsten Hindernisse für Zwillingsflammenbeziehungen:

- **Altersunterschiede:** Ihre Zwillingsflamme ist gegebenenfalls viel jünger als Sie selbst, und Ihre Beziehung könnte Aufsehen erregen.

- **Unethische Beziehungen:** Wenn Ihr Zwilling durch eine berufliche Pflicht zurückgehalten wird, hat er vielleicht das Bedürfnis, davonzulaufen. Einige Beispiele sind Beziehungen Anwalt/Klient, Schüler/Lehrer, Arzt/Patient usw. Sie sind vielleicht dazu bereit, die für eine funktionierende Beziehung erforderlichen Änderungen an Ihrem Verhältnis vorzunehmen, aber Ihr Zwilling ist es nicht.

- **Eine unterschiedliche sexuelle Orientierung:** Einer von Ihnen ist vielleicht von Natur aus schwul, während der andere heterosexuell ist.

- **Aktuelle Beziehungen:** Wenn Sie Ihre Beziehung eingehen, leben Sie vielleicht schon in Liebesbeziehungen mit anderen Menschen. Einigen Zwillingsflammen wird es schwerfallen, diese Partnerschaften aufzugeben, und sie entscheiden sich stattdessen dafür, ihrem vorherigen Partner gegenüber loyal zu bleiben, anstatt ihrem Herzen zu folgen.

- **Distanz:** Auch wenn Ihr göttlicher Plan Sie zu Ihrem Zwilling führen wird, kann es sein, dass Sie am Ende auf verschiedenen Kontinenten leben! Es könnte für Ihren Zwilling einfacher sein, sich nicht an seine physische Umgebung anpassen zu müssen, als umzuziehen und sein Leben zu entwurzeln.

- **Kulturelle Unterschiede:** Die Kultur hat einen großen Einfluss auf manche Menschen, und Ihr Zwilling fühlt sich vielleicht unwohl, wenn er die Überzeugungen und Verhaltensweisen, mit denen er aufgewachsen ist, ablegen muss.

Wie können Sie Ihre Beziehung reparieren?

In Ihrem Geiste sind Sie sich darüber bewusst, dass Sie Hilfe brauchen, um Ihre Probleme zu lösen. Ihr Partner hat Sie verärgert, und Sie haben ihn verärgert. Die Art von Liebe, die Sie beide füreinander empfinden, berührt Sie tief und ist überwältigend. Die folgende Übung ist eine wirksame Methode, um die Karten auf den Tisch zu legen und ein umfassendes und offenes Gespräch mit Ihrem Partner und sich selbst zu führen.

Die Spiegelungsübung:

1) Nehmen Sie sich Zeit, um sich an einem ruhigen Ort mit einem Blatt Papier und einem Stift hinzusetzen.

2) Jetzt haben Sie die Möglichkeit, Ihre Probleme schwarz auf weiß aufzuschreiben. Halten Sie Ihre Gedanken und Gefühle in kurzen Sätzen fest. Verwenden Sie Sätze wie „Ich bin wütend auf meine Zwillingsflamme, weil er harte Worte benutzt, um eine Reaktion von mir zu bekommen" oder „Ich mag meine Zwillingsflamme nicht, wenn er mich unter Druck setzt, und mich zwingt, Zeit mit ihm zu verbringen."

3) Schreiben Sie nun die Aussagen mit anderen Pronomen um, damit sie von Ihnen handeln. Schreiben Sie zum Beispiel: „Ich bin sauer auf mich selbst, weil ich harte Worte benutze, um eine Reaktion von meinem Zwilling zu bekommen."

4) Sind in den Sätzen, die Sie gerade geschrieben haben, stille Wahrheiten enthalten? Manchmal haben die Probleme, die wir mit anderen haben, ihren Ursprung bei uns selbst. Interpretieren Sie Dinge falsch, weil Sie wissen, dass Sie auf bestimmte Situationen negativ reagieren wollen? Setzen Sie Ihren Partner unter Druck, weil Sie sich selbst oft unter Druck setzen?

5) Stellen Sie sich Ihren inneren Schmerz und Ihre emotionale Verletztheit als einen separaten physischen Teil von sich selbst vor und führen Sie ein Gespräch mit ihm. Fragen Sie ihn, was er braucht, um sich besser zu fühlen und zu heilen. Umarmen Sie ihn und verbringen

Sie Zeit mit ihm, bis er sich geheilt fühlt. Erst dann können Sie ihn wieder mit sich selbst verschmelzen lassen und wieder ganz werden.

6) Diese Übung wird Ihnen dabei helfen, kontrollierter Gespräche mit Ihrem Zwilling zu führen und auf das zu hören, was er Ihnen zu sagen versucht. Das Spiegeln ist ein wirksames Mittel, um Ihren inneren Aufruhr zu verstehen, und sollte bei Bedarf geübt werden.

Definition der Läufer/Verfolger-Phase

Wenn eine Hälfte des Paares Angst vor der Beziehung hat, spiegelt sich dies nicht immer in der körperlichen Distanzierung eines Partners wider. Sie haben vielleicht nicht den Mut, die Beziehung ganz zu verlassen, aber sie werden distanzierter.

Die folgenden Punkte sind Anzeichen dafür, dass Ihr Zwilling der Läufer ist, auch wenn er körperlich an Ort und Stelle bleibt.

- **Die Person greift zur Ablenkung durch Drogen und zu anderen Stimulanzien:** Die meisten Menschen in Zwillingsflammen-Beziehungen sind nicht auf äußere Reize angewiesen. Reine Energie bringt ihnen alles an Vergnügen, was sie brauchen. Wenn also einer der Zwillinge zu künstlichen Formen des Vergnügens greift, will er sich von den intensiven Gefühlen befreien. Alkohol und Drogen sind die häufigsten Strategien, um sich von der Intensität, die sie empfinden, zu befreien. Überfordert Zwillingsflammen werden alles tun, um die Flut von Emotionen zu verdrängen, denen ihre Partnerschaft ausgesetzt ist.

- **Die Person findet Ausreden, um nicht mit Ihnen allein zu sein:** Stellen Sie fest, dass Sie beide immer weniger Zeit allein verbringen? Umgibt Ihr Partner Sie beide mit anderen Menschen und wird ängstlich, wenn die Zahl der Menschen in Ihrem Umfeld abnimmt? Das kann bedeuten, dass er eine Pause von der Intensität braucht, die entsteht, wenn es keine Ablenkungen gibt. Lassen Sie ihn Ihr soziales Leben auf diese Weise organisieren, wenn Sie sich damit wohl fühlen. Das kann ausreichen, um Ihre Zwillingsflamme zum Bleiben zu überreden. Wenn Sie sie herausfordern, kann das dazu führen, dass sie Sie verlässt.

- **Die Person fühlt sich überwältigt, wenn sie bei Ihnen ist**: Weniger reife Seelen können sich ängstlich und gestresst fühlen, wenn sie mit ihrer Spiegelseele konfrontiert werden. Sie werden reizbar, wenn sie mit ihrem Partner allein sind, und versuchen, Meinungsverschiedenheiten als Vorwand zu nutzen, um ihn zu verlassen. Stimmungsschwankungen sind unvermeidlich, da sie nicht verstehen, warum sie ein so hohes Maß an Stress empfinden; schließlich sollte diese Beziehung der Höhepunkt allen Liebesglücks sein!

Im Gegensatz zu normalen Beziehungen wird Ihre Zwillingsflamme ihre Unzufriedenheit nicht durch körperliche oder seelische Misshandlung signalisieren. Für dieses Verhalten gibt es in einer Partnerschaft keinen entschuldbaren Grund. Ihre Zwillingsflamme sollte Sie auch nicht betrügen, denn sie kennt die wahre Tiefe Ihrer Liebe und würde Sie niemals verletzen und belügen. Wenn Sie dieses Verhalten erleben, handelt es sich bei der Person vielleicht nicht um Ihre Zwillingsflamme.

Denken Sie daran, dass die Fluchtphase wahrscheinlich durch einen Mangel an geistiger Reife ausgelöst wird. Es kann sein, dass die Person nicht vollständig auf Ihre Beziehung vorbereitet war und an sich selbst arbeiten muss, bevor sie eine erfolgreiche Partnerschaft eingehen kann. Wenn das so ist, ist das Beste, was Sie für sie tun können, ihr Ihren Segen zu geben und ihr zu sagen, dass Sie immer für sie da sind, sollte sie zurückkehren wollen.

Wird Ihre Zwillingsflamme zurückkehren?

Und jetzt kommt der Clou: Zwillingsflammen, die weglaufen, kommen oft zurück, manchmal sogar mehrmals. Sie beide könnten erneut in eine Phase der Vereinigung eintreten, die mit Trennungen und Wiedervereinigungen gefüllt ist. Niemand weiß, was die Zukunft bringt, aber Ihre Zwillingsflamme wird zu Ihnen zurückkehren, wenn sie wirklich eine Hälfte Ihrer Selbst ist. Der Begriff *Verfolger* kann irreführend sein. Schließlich sollen Sie die Peron nicht tatsächlich, *denn Ihr Partner entscheidet*, wann er zurückkehrt.

Versuchen Sie zu verstehen, warum Ihre Zwillingsflamme weggelaufen ist

Wenn eine Person in einer Beziehung zurückbleibt, kann das einsam sein, aber es kann sich auch lohnen, wenn Sie die Zeit klug nutzen. Nehmen Sie sich die Zeit, die folgenden Punkte zu berücksichtigen:

- Sind die sich sicher, dass es sich bei der Person um Ihre wahre Zwillingsflamme handelt und nicht nur um einen Teil Ihrer Seelengruppe?

- Haben Sie das Gefühl, dass Sie noch Dinge gemeinsam erledigen müssen? Oder haben Sie das Gefühl, dass Ihre Beziehung ein natürliches Ende erreicht hat?

- Haben Sie sich vielleicht nicht auf das Treffen vorbereitet und müssen mehr an Ihrer persönlichen Entwicklung arbeiten?

- Sie sind nicht dazu bestimmt, den Rest Ihres Lebens damit zu verbringen, die Person zu verfolgen; die Entscheidung liegt bei Ihrer Zwillingsflamme.

Wie man einen Läufer verfolgt

Erstens: Keine Panik. Entspannen Sie sich und machen Sie einen Plan. Sie haben immer noch Ihr Leben zu führen und andere Beziehungen zu pflegen. Es ist ungesund, all Ihre Energien in eine Person zu investieren, und Sie müssen sich immer noch um sich selbst und Ihre geistige Gesundheit kümmern. Hören Sie also auf, sich darüber Gedanken zu machen, was in Zukunft passieren könnte, und konzentrieren Sie sich auf das Hier und Jetzt. Ihre Zwillingsflammen-Beziehung unterscheidet sich von allem, was Sie auf der spirituellen Ebene erlebt haben, so dass Sie keine Vergleichsmöglichkeit haben. Vermeiden Sie es, auf die Erfahrungen anderer Menschen zu schauen, und wählen Sie stattdessen den Ihrer Meinung nach besten Weg, um Ihren Partner zur Rückkehr zu bewegen.

Sie sind vielleicht die spirituell reifere Person in Ihrer Zwillingsflammenbeziehung, aber das bedeutet nicht, dass Sie nicht auch an sich arbeiten müssen.

1) **Erhöhen Sie Ihre persönlichen Schwingungen:** Erinnern Sie sich noch an die Sehnsuchtsphase, die Sie durchlebt haben? Sie wussten, dass eine Begegnung möglich war, und Sie wollten in bester geistiger Verfassung sein, wenn der Moment kam. Haben Sie Ihre Schwingungen während Ihrer gemeinsamen Zeit vernachlässigt? Waren Sie zu sehr auf Ihren Zwilling konzentriert, um sich selbst etwas liebevolle Pflege zu gönnen? Nehmen Sie sich Zeit, um Ihre Schwingung zu erhöhen und lassen Sie Ihre Zwillingsflamme wissen, dass Sie immer noch für sie da sind, egal wie weit sie entfernt sein mag.

Mit den folgenden Tipps könne Sie Ihre Schwingung steigern und Ihrer Zwillingsflamme Liebe schicken:

- **Seien Sie dankbar für die gemeinsame Zeit, die Sie zusammen hatten:** Es ist unmöglich, Wut und Angst zu empfinden, wenn man von Dankbarkeit erfüllt ist. Jedes Mal, wenn Sie das Gefühl haben, dass die niedrige Energie Sie zu überwältigen droht, versuchen Sie sich daran zu erinnern, wofür Sie dankbar sind. Das ist eine gute Strategie, um Ihre Stimmung zu verbessern!

- **Visualisieren Sie die Liebe, die Sie für die Person empfinden:** Stellen Sie sich vor, dass die Person bei Ihnen ist und dass Sie die Verbindung teilen, die Sie aufgebaut haben. Die Liebe ist einer der höchsten Schwingungszustände des Seins, und Ihr Zwilling kann Ihre Schwingungen aufnehmen, wo immer er sich aufhält.

- **Seien Sie großzügig:** Fühlen Sie sich ohne Ihren Zwilling einsam? Lächeln Sie einen Fremden an. Wenn Sie großzügig mit der Liebe sind, die Sie anderen Menschen entgegenbringen, werden Sie im Gegenzug ebenso viel Liebe erhalten, wenn nicht sogar mehr. Wenn Sie Ihre Zeit, Ihr Geld und Ihre Liebe großzügig abgeben, erhöhen Sie Ihre spirituelle Ausstrahlung.

- **Vergeben Sie:** Sind Sie Ihrer Zwillingsflamme gegenüber nachtragend? Geben Sie ihm die Schuld dafür, dass er Sie allein gelassen hat? Denken Sie an seine Gefühle. Würden Sie zu einem Partner zurückkehren, der sich Ihnen gegenüber feindselig verhält? Vergeben Sie ihm alles, was geschehen ist. So erhöhen Sie die Chancen, dass er zurückkommt.

- **Wählen Sie spannendes Entertainment:** Jeder kennt die Vorteile von ballaststoffreichen Lebensmitteln und energiereichen Zutaten, aber alles, was Sie zu sich nehmen, wirkt sich auch auf Sie aus. Fühlen Sie sich durch die Wahl Ihrer Unterhaltungsangebote ermutigt oder eher ausgelaugt? Füllen Sie Ihre Zeit mit Inhalten, die Sie glücklich und energiegeladen machen, statt traurig und ängstlich. Sind alle Ihre sozialen Medien mit gesunden, positiven Dingen gefüllt, oder fühlen Sie sich durch einige Inhalte verunsichert? Ändern Sie Ihre Einstellungen, um Ihre Schwingungen zu erhöhen, indem Sie Ihre Zeit Online einschränken und stattdessen mit der Natur kommunizieren. Ändern Sie Ihre Musikauswahl und entdecken Sie neue Genres, die Ihnen gefallen könnten.

- **Stellen Sie sicher, dass Ihre Beziehungsvibrationen intakt sind:** Wenn Sie sich zu sehr auf Ihren Zwilling konzentriert haben, könnten einige Ihrer anderen Beziehungen darunter gelitten haben. Nehmen Sie wieder Kontakt zu Menschen auf und umgeben Sie sich mit Menschen, die Ihnen ein gutes Gefühl geben. Es kann zu einfach sein, den Verlust einer Zwillingsflamme zu betrauern und die eigene Schwingungsfrequenz zu senken, aber wie soll Ihnen das helfen, Ihre Zwillingsflamme zu Ihnen zurückzuführen? Wenn Sie gesunde Beziehungen zu anderen haben, signalisieren Sie ihnen, dass Sie bereit sind, es nochmal zu versuchen.

2) **Bleiben Sie für Zeichen offen:** Erinnern Sie sich noch an die Sehnsuchtsphase, als Sie die Zeichen Ihrer Zwillingsflamme wahrgenommen haben? Wenn Sie der Verfolger sind, wird das Universum erneut eingreifen und Sie zur Wiedervereinigung führen, wenn es das Gefühl hat, dass Sie bereit sind. Wenn Sie wiederholt Werbung für einen Urlaubsort oder einen Aufenthalt in einem anderen Land sehen, die perfekt in Ihre Zeitplanung zu passen scheinen, dann verreisen Sie. Achten Sie auf die Botschaften, die das Universum Ihnen sendet, und vielleicht sind Sie dann wirklich zur richtigen Zeit am richtigen Ort! Es könnte natürlich auch sein, dass das Universum Ihnen einfach sagt, dass Sie nach den jüngsten Turbulenzen eine Pause brauchen!

3) **Sprechen Sie mit Ihrer Zwillingsflamme über die höhere Ebene:** Vielleicht hatten Sie, als Sie noch zusammen waren, Schwierigkeiten, über Ihre wahren Gefühle zu sprechen. Gegebenenfalls haben sogar Ihre eigenen Emotionen und Sichtweisen die Kommunikation gestört. Jetzt, wo Sie physisch getrennt sind, wird es einfacher, die andere Seite eines Konflikts zu berücksichtigen. Sie sind zwar das Spiegelbild der Seele der anderen Person, aber Sie werden beide von den Erfahrungen beeinflusst, die sie vor Ihrer Begegnung gemacht haben. Sie sind genetisch verschieden und können je nach der Umgebung, in der Sie aufgewachsen sind, unterschiedliche Persönlichkeiten haben. Seien Sie einfühlsam und führen Sie Gespräche, anstatt sich zu streiten.

Sollten Sie die Beziehung für immer beenden?

Wenn Ihre Beziehung die beste Erfahrung war, die Sie je gemacht haben, trotz der Widersprüche, Konflikte und Turbulenzen, die Sie ertragen mussten, dann möchten Sie natürlich wieder mit der Person zusammenkommen. Doch die meisten Zwillingsflammen-Beziehungen sind dazu bestimmt, vorübergehender Art zu sein, da die Arbeit, die nötig ist, um sie aufrechtzuerhalten, sehr anstrengend sein kann. Wenn Sie es schaffen, die Wellen der Emotionen zu reiten und ein ruhiges Ufer zu erreichen, dann können Sie beide für immer zusammenbleiben, aber manchmal müssen Beziehungen auch zu Ende gehen.

Hier sind einige Anzeichen dafür, dass es an der Zeit ist, mit dem Weglaufen und Jagen aufzuhören:

1) Sie sehen Ihre Beziehung nicht mehr als einen sicheren Ort an. Sie hören auf, Ihren Zwilling als Ihr „Zuhause" zu betrachten, da das Trauma Ihrer Verbindung die Überhand gewonnen hat.

2) Sie sind kalt und abweisend zueinander. Wenn Sie Ihren Zwilling kontaktieren und er Ihnen gegenüber unhöflich und verächtlich ist, könnte es an der Zeit sein, die Sache zu beenden. Wenn Sie den Kontakt zu Ihrem Zwilling aufbauen, sollte er Sie immer noch mit Respekt, wenn nicht sogar mit Liebe behandeln. Zwillingsflammen sind nicht dazu bestimmt, Feinde zu sein. Nie.

3) Sie haben das Gefühl, dass das Jagen oder Laufen reine Zeitverschwendung ist. Wenn Sie in irgendeinem Teil des Prozesses das Interesse verlieren, dann ist die Beziehung zu Ende. Führen Sie das Gespräch und beenden Sie sie angemessen. Ihr Partner muss genau wissen, woran er ist, da er vielleicht Erwartungen an die Zukunft hat. Sie lieben sich, auch wenn Sie die Partnerschaft nicht aufrechterhalten können. Tun Sie das Richtige und beenden Sie die Beziehung sauber.

4) Ihr Gefühl sagt Ihnen, dass Sie die Beziehung beenden sollten. So einfach ist das. Sie haben sich in der Vergangenheit auf Ihren Instinkt und das Universum verlassen, wenn es Ihnen also sagt, dass Sie loslassen sollen, dann tun Sie das auch!

5) Sie wissen, dass Sie nur heilen können, wenn der Prozess abgeschlossen ist. Manchmal sind die Wunden, die Sie erlitten haben, zu tief und jede weitere Kommunikation wird nur Schmerz verursachen, und Sie sind nicht dazu bereit, diesen Weg zu gehen.

Was man aus einer Zwillingsflammen-Beziehung mitnehmen kann

Machen Sie sich zunächst klar, dass diese Beziehung anders ist als alle anderen vor ihr. Sie haben die Beziehung vielleicht beendet und sind Ihrer getrennten Wege gegangen, aber Sie werden immer noch ein Teil Ihres Zwillingspaars sein, egal was passiert. Wenn Sie sich trennen, ist es normal, dass Sie die üblichen Gefühle von Trauer, Wut und Hass durchleben, gefolgt von Akzeptanz und Vergebung. Nehmen Sie all diese Gefühle an und nutzen Sie sie, um die Lektionen, die Sie gelernt haben, zu verarbeiten.

Sie müssen die guten Zeiten feiern und die schlechten Erfahrungen loslassen. Auf diese Weise entwickelt sich Ihre Seele und kommt Ihrer spirituellen Transformation näher. Ihre Zwillingsflamme wird bei Ihnen bleiben, und auch wenn die Beziehung in dieser Realität zu Ende gegangen ist, werden Sie sich eines Tages woanders wiedersehen!

Kapitel 9: Stufe 6: Die Kapitulation

Diese Phase der Zwillingsflammenreise wurde als die Zauberformel oder der Blick in die Kristallkugel des Prozesses beschrieben. Sie müssen die letzten Reste der Macht, die Sie über Ihr Schicksal haben, aufgeben. Sie erreichen einen Punkt, an dem Sie verstehen, dass machtlos zu sein die mächtigste Erfahrung im Leben sein kann. Der Schlüssel liegt darin, zu schätzen, was man hat, und die Anhaftung an Dinge und Menschen loszulassen, von denen man glaubt, dass man sie braucht, von denen man aber weiß, dass man sie nicht haben kann.

Sie müssen glauben, dass das Universum Ihr Schicksal im Griff hat. Sie müssen die Angst davor verlieren, dass die Beziehung zu Ihrem Zwilling ganz auf Ihrem Ego und Ihren persönlichen Handlungen beruht. Geben Sie sich dem Göttlichen hin und lassen Sie die restlichen Teile der Erfahrung los, von denen Sie noch das Gefühl haben, sie kontrollieren zu müssen. Stellen Sie sich Ihre Verbindung als eine Rose vor. Sie waren glücklich damit, die Blütenblätter dem Universum zu schenken, aber Sie haben an den Dornen festgehalten. Sie sind nicht bereit, die Schattenseiten Ihrer Partnerschaft loszulassen, und Sie klammern sich immer noch an die wunden Punkte und moralischen Herausforderungen, weil Ihr Ego Ihnen sagt, dass sie beschämend sind.

Beim Aufgeben geht es vor allem darum zu erkennen, dass Sie sich nicht aussuchen können, welche Teile Ihrer Liebe Sie der Welt zeigen. Die Darstellung Ihrer Beziehung muss vollständig sein, bevor Sie verstehen können, wie sie funktioniert. Eine Rose besteht nie nur aus Blütenblättern; die Dornen sind ein wesentlicher Teil der ganzen Blume und müssen mit in Betracht gezogen werden.

Sie müssen Ihren Körper und Geist für die Liebe öffnen, die Sie mit Ihrer Zwillingsflamme teilen, um sie über die irdischen Grenzen hinausgehen zu lassen. Ihr Ego ist ein lusterfüllter Teil von Ihnen, der nach einem Urteil sucht und von den Grenzen lebt, die die Gesellschaft ihm setzt. Aber warum sollten Sie sich von solchen materiellen Grenzen zurückhalten lassen? Der Sinn einer Zwillingsflammen-Beziehung besteht darin, die Grenzen zu überwinden, die es in der Liebe gibt. Sie müssen akzeptieren, dass Ihre Liebe nicht durch Unterschiede und Konformitäten eingeschränkt oder gefangen gehalten wird. Sie müssen sich erlauben, bedingungslos zu lieben, egal welche Hindernisse es gibt.

Eine höhere Liebe

Wenn Sie sich Ihrer Zwillingsflamme hingeben, bedeutet das, dass Sie sich von den Paradigmen der Gesellschaft entfernen und Teil einer spirituelleren Art des Liebens werden. Was passiert also, wenn Ihre Zwillingsflamme aus einer anderen Kultur kommt oder eine andere Religion hat als Sie selbst? Müssen Sie für immer eine Beziehung mit jemand anderem eingehen? Raten Sie mal! Beziehungen enden ständig. Wenn die Person mit Ihnen zusammen sein will, wird dies auch geschehen. Eltern, die um ihrer Kinder willen zusammenbleiben, gelten heute als altmodisch, da dieser Ansatz selten gut funktioniert. Beim Aufgeben einer Beziehung geht es vor allem darum, sich selbst an die erste Stelle zu setzen und die Erfüllung der eigenen Bedürfnisse zuzulassen. Jedes Mal, wenn Sie sich selbst zur letzten Priorität machen, setzen Sie auch alle anderen mit an die letzte Stelle.

Sind Sie bereit, mutig zu sein? Schaffen Sie es, die Angst zu überwinden, durch die Sie Ihr Leben verschwenden? Lösen Sie sich von traditionellen Bindungen und stellen Sie sich der Welt mit einem gesunden Maß an Selbstvertrauen. Erlauben Sie sich, dem Ruf der exquisiten und doch unlogischen Form der Liebe zu folgen, denn sie wird über alles andere triumphieren. Egal, welche Hindernisse die Gesellschaft Ihnen in den Weg legt, brechen Sie sie nieder und leben Sie das Leben, das Ihnen vom Schicksal vorbestimmt ist. Das Universum wird Sie nicht aufgeben, und es wird Ihnen folgen, bis Sie sich emanzipiert haben und Ihrer Zwillingsflammenerfahrung ihre ungeteilte Aufmerksamkeit schenken.

Was Sie erwartet, wenn Sie sich ergeben

Wenn Sie durch Ihr Ego beherrscht werden, fühlt es sich so an, als könnten Sie nur dann Ihren inneren Frieden finden, wenn die Welt im Einklang, und alles perfekt ist. Wenn Sie sich Ihrem Schicksal hingeben, müssen Sie ein allgemeines Gefühl des Friedens haben, dass auch dann noch besteht, wenn gerade nicht alles genau am richtigen Platz ist. Im Grunde genommen stellen Sie also Ihre Welt auf den Kopf und ändern Ihr Glaubenssystem.

Sie werden auch von den vielen Erkenntnissen erfahren, die Ihnen dabei helfen werden, Ihr Schicksal zu akzeptieren.

1) Sie werden sich weniger auf Ihre Zwillingsflammen-Beziehung konzentrieren und damit beginnen, sich stattdessen auf sich selbst zu konzentrieren.

2) **Die Verbindung, die Sie mit Ihrem Zwilling haben, wird vom Glück erfüllt sein:** Sie wissen jetzt, dass jede negative Emotion, die Sie projizieren, auf Sie zurückstrahlt und Ihnen Schaden zufügt, weil die andere Person ein Spiegelbild Ihrer selbst ist.

3) **Der einzige Teil Ihrer Zwillingsflammenverbindung, den Sie kontrollieren können, sind Sie selbst:** Sie können nicht kontrollieren, wie sie denken oder auf die Dinge reagieren.

4) **In der Vergangenheit haben Sie sich zu emotional schädlichen Beziehungen hingezogen gefühlt, und Sie hatten das Gefühl, dass dies Ihr Schicksal war:** Deshalb haben Sie ständig nach Fehlern in der Verbindung mit Ihrer Zwillingsflamme gesucht.

5) **Sie werden das Bedürfnis nach mehr Befriedigung verlieren:** Ein erhöhtes Maß an Selbstbewusstsein wird Ihnen das Gefühl geben, dass alles, was Sie brauchen in ihrem Inneren ruht.

6) **Sie lernen, das zu schätzen, was Sie haben, und sind dankbar für jeden Augenblick:** Sie brauchen keine anderen Menschen, um sich vervollständigt zu fühlen, weil Sie mit positiver Energie erfüllt sind.

7) **Die Kommunikation mit Ihrer Zwillingsflamme wird lebendiger sein:** Wenn Sie akzeptieren, dass das Universum für Ihr Schicksal als Paar verantwortlich ist, werden Sie neue Mittel nutzen, um zusammen zu sein. Nutzen Sie die Astralebene, um Zeit mit Ihrem Partner zu verbringen und mit ihm zu sprechen. Kuscheln Sie gemeinsam oder liegen Sie einfach nur in Harmonie beieinander. Diese Verbindungen werden genauso real sein wie physische Interaktionen.

8) **Sie werden feststellen, dass Sie Ihrem Zwilling regelmäßig Liebe schicken wollen:** Wenn Sie der Person sagen, dass Sie sie lieben, wird die Person darauf reagieren, wenn Sie sich bereit fühlt.

9) **Sie leben langsamer:** Das moderne Leben ist hektisch, und es kann manchmal überwältigend sein. Wenn Sie sich Ihrem Schicksal hingeben, schütteln Sie den Druck ab, der Ihnen vom Rest der Gesellschaft aufgelegt wird. Sie verlieren das Gefühl, permanent Schritt halten zu müssen. Zu den Symptomen dieses Drucks gehören Kopfschmerzen, Übelkeit und Atemprobleme. Wenn Sie also langsamer werden und sich Zeit nehmen, werden Sie sich geerdeter fühlen.

10) **Sie werden sich für Ihre Gemeinsamkeiten interessieren:** Anstatt sich über die Bande, die Sie verbinden, zu ärgern, werden Ihre gemeinsamen Interessen und Gefühle Ihnen die Gewissheit geben, dass diese Person für immer in Ihrem Leben bleiben wird, egal was passiert. Sie werden sich bewusster, dass die Dinge, die Ihnen widerfahren, wahrscheinlich auch der anderen Person widerfahren. Senden Sie telepathische Botschaften an die Person, wenn

Sie die Verbindung spüren, und bitten Sie sie, zu antworten.

11) **Sie werden sich mehr für die Verbindung zwischen Wissenschaft und Spiritualität interessieren:** Sobald Sie aufhören, sich darüber Gedanken zu machen, was in der Zukunft passieren wird, haben Sie den Kopf frei, um verschiedene Themen zu erforschen. Wenn Sie sich früher in der Schule zu naturwissenschaftlichen Fächern hingezogen gefühlt haben, suchen Sie vielleicht nach Wissen aus der spirituellen Welt. Bücher über Spiritualität werden Sie ansprechen. Kristalle und Amulette werden Teil Ihrer Welt werden, während Sie das Bedürfnis verspüren, wichtige spirituelle Orte zu besuchen. Ihr nächster Urlaub könnte an einem weitentfernten Ort gehen, wie beispielsweise in einem Spa in den USA oder mit einer Reise nach Indien zu einem Guru stattfinden. Wenn Sie von Natur aus spirituell sind, dann wird die Welt der Wissenschaft für Sie attraktiv sein. Versuchen Sie es mit einem Abonnement von Science News, einer zweiwöchentlichen Publikation, die Nachrichten aus aktuellen wissenschaftlichen und technischen Zeitschriften enthält. Die Artikel sind kurz, professionell geschrieben und voller faszinierender Informationen, die für Laien verständlich formuliert sind.

12) **Sie werden sich der Veränderungen im Leben Ihres Zwillings bewusster sein und wissen, wie Sie mit ihnen umgehen können:** In der Vergangenheit haben Sie diese Unterschiede in der Stimmung und im Energieniveau vielleicht als für Ihre Beziehung störend empfunden, aber jetzt wissen Sie es besser. Sie sind nicht dazu bestimmt, völlig aufeinander abgestimmt zu sein. Wenn Sie auch unterschiedliche Probleme haben, müssen Sie als Einheit zusammenkommen und sich gemeinsam mit ihnen auseinandersetzen. Auch wenn Sie voneinander getrennt sind, muss die Zwillingsflammenverbindung aufrechterhalten werden. Ihre telepathische Verbindung bedeutet aber nicht, dass die Person ständig Zugang zu Ihren Gedanken hat.

Hier sind einfache Möglichkeiten, wie Sie Ihre telepathischen Fähigkeiten verbessern können:

- **Beginnen Sie mit einfachen Botschaften und sehen Sie, wie klar die ankommen, wenn Ihr Partner sie empfängt:** Senden Sie zunächst eine Farbe oder Form und fügen Sie dann ein weiteres Element hinzu.

- **Furcht verlieren:** Genau wie bei der Hingabe zu Ihrer Zwillingsflammen ist es Zeit, alle Negativität loszulassen. Die Gesellschaft mag nicht an Telepathie als Art der Kommunikation glauben, aber Sie beiden wissen bereits, dass es sie gibt. Als Zwillingsflammen kommunizieren Sie schon viele Leben lang miteinander. Glauben Sie an Ihre Fähigkeiten und akzeptieren Sie, dass Sie umso besser werden, je mehr Sie üben.

- **Verwenden Sie Hilfsmittel, um die Stärke Ihres Signals zu verbessern:** Kristalle, Kerzen und andere Hilfsmittel helfen Ihnen dabei, sich zu konzentrieren und sich ganz auf die telepathische Aufgabe zu konzentrieren. Machen Sie einen Raum in Ihrem Haus zu einem spirituellen Ort und nutzen Sie ihn, um Ihre telepathischen Botschaften zu entsenden. Sie sollten Ihre Botschaften nicht auf Ihre Zwillingsflamme beschränken. Sprechen Sie mit dem Universum und teilen Sie ihm Ihre Gedanken mit; es wird zuhören und antworten.

- **Die Gedanken mit Positivität aufladen:** Wenn Sie Ihre Gedanken entsenden, tauchen Sie sie in ein klares weißes Licht ein, bevor Sie sie loslassen. Spüren Sie die Energie, die in Ihrem Geist schwirrt, und senden sie diese an den ausgewählten Empfänger.

- **Kommunikation visualisieren:** Während Sie Ihre Botschaft senden, stellen Sie sich vor, wie diese von der Zielperson empfangen wird. Wird Ihr Zwilling über Ihre Mitteilung erfreut sein? Manchmal, wenn Sie voneinander getrennt sind, hilft die Visualisierung dabei, ein Gefühl der Verbundenheit zu erzeugen.

Mit der Telepathie sind bestimmte Regeln und ethische Grundsätze verbunden, die nicht ignoriert werden sollten. So wie Sie Ihre Privatsphäre schätzen, schätzt Ihr Zwilling die seine. Schaffen Sie einen telepathischen Schild oder eine Tarnung, wenn Sie Ihre Gedanken geheim halten wollen. Dies sollte etwas sein, das Sie beide offen tun können. Sie müssen sich gegenseitig respektieren und sich mit Ihren Gesprächen auf allen Ebenen wohlfühlen.

13) **Sie werden bedingungslose Liebe erfahren**: Sobald Sie Angst und Zweifel loslassen, schaffen Sie den Raum für noch mehr Liebe. Sie lernen, wie Ihr Ego Ihr Selbstbild verzerrt hat, und haben zum ersten Mal ein klares Bild von sich. Dieser offene Geisteszustand erlaubt Ihnen, die Tiefe Ihrer Liebe zu erkennen. Diese Erfahrung ist erstaunlich! Ihre Zwillingsflamme ist die erstaunlichste Person im Universum. Ihr Herz wird vor Liebe und Hingabe für sie anschwellen, selbst wenn Sie sie nie wieder sehen.

14) **Wenn Sie der Person in die Augen schauen, sehen Sie ein Abbild Ihrer „ursprünglichen" Umgebung**: In den Augen Ihres Zwillings sehen Sie den Ursprung Ihrer Seele. Das ist der Ort, an dem Sie sich am wohlsten fühlen. Vielleicht sehen Sie beide sich von Angesicht zu Angesicht in die Augen, oder vielleicht geschieht es, während Sie getrennt sind. Ein Foto von Ihrer Zwillingsflamme sieht für andere Menschen ganz normal aus, aber für Sie strahlt es eine kosmische Energie aus. Wenn Sie der Person in die Augen schauen, sehen Sie in Ihnen einen tiefen Raum, der von einem göttlichen Licht erhellt wird, das Ihre Seele mit Hoffnung erfüllt. Ihr Zwilling wirkt auf Sie wie ein Engel in der Dunkelheit, der immer da ist, um Sie zu führen und Ihre Seele mit Liebe zu erfüllen.

15) **Sie werden eine rein körperliche Anziehungskraft spüren**: Sobald die spirituelle Verbindung vervollkommnet ist, liegt der natürliche Weg zum Fortschritt auf der physischen Ebene. Wenn das Universum glaubt, dass die Zeit reif ist, wird es Sie auf den richtigen Weg zur Versöhnung bringen. Wie in anderen Situationen auch, ist

es jetzt an der Zeit, den Zeichen zu folgen, die Ihnen vom Universum gesendet werden. Wenn Sie plötzlich eingeladen werden, eine neue Gegend zu besuchen, ergreifen Sie die Gelegenheit. Wenn Sie ein Angebot für eine Reise sehen, das zu schön ist, um wahr zu sein, buchen Sie den Urlaub, die Reise könnte Sie zu Ihrer Zwillingsflamme führen.

Das Universum ist ungeheuerlich gut dazu in der Lage, mit Ihnen zu kommunizieren! Es kann bewirken, dass Sie von einem Zeichen beeinflusst werden, das Sie wissen lassen soll, dass es da ist. Eine körperliche Berührung könnte ein Zeichen des Universums sein, dass Sie innig geliebt werden. Wenn Sie eine warme Berührung auf Ihrer Schulter spüren, wenn Sie sich gerade niedergeschlagen fühlen, interagiert Ihr göttliches Selbst mit Ihnen. Die göttliche Energie will Ihnen ein positives Zeichen geben. Wenn Sie plötzlich eine Gänsehaut bekommen, ohne dass sich die Temperatur ändert, bedeutet das, dass jemand irgendwo intensive, leidenschaftliche Gedanken über Sie hegt. Eine weiße Feder oder ein Schmetterling sind ebenfalls klassische Zeichen dafür, dass Sie mit der Astralebene kommunizieren.

16) **Sie werden zu einer verblüffenden Erkenntnis über Ihre Beziehung gelangen:** Sie werden beide akzeptieren, dass Ihre Beziehung zueinander die letzte und vollständigste Verbindung zu einer anderen Person ist, die Sie je haben werden. Aber was ist, wenn diese Beziehung Ihre Trennung nicht überlebt und die Phase der Wiedervereinigung nicht erreicht? Das ist auch in Ordnung. Sie waren Teil der intensivsten und magischsten Zusammenkunft, die man sich vorstellen kann.

Auch wenn Sie nach menschlichen Maßstäben relativ jung sind, unterliegt Ihre Seele nicht demselben Alterungsprozess. Wenn Ihre Seele reif genug ist, um zu akzeptieren, dass die Beziehung überleben wird, ganz gleich, was die physische Welt ihr entgegenwirft, dann wird sie mit dem Ergebnis einverstanden sein. Wenn Ihre

Seele noch relativ neu in der spirituellen Welt ist, dann wird sie vielleicht einige blaue Flecken davontragen. Machen Sie sich keine Sorgen; das ist alles Teil des Alterungsprozesses Ihres spirituellen Wesens, und Sie werden gestärkt und bereit für Ihre nächste Verbindung in einem anderen Leben aus der Erfahrung hervorgehen.

17) **Sie werden einen neuen Lebensplan entdecken:** Sobald Sie sich dem Prozess der Zwillingsflammenvereinigung hingeben, werden Sie alle falschen Lehren, die Ihr Leben bisher bestimmt haben, fallen lassen. Sie werden immer noch an Umweltfragen interessiert sein und eine Verbundenheit mit dem Planeten spüren, aber Sie werden Ihren Platz in der Welt kennen. Ihre Lebensaufgabe sollte nicht darin bestehen, die Risse in der Gesellschaft zu heilen oder die Schäden an der Erde zu beheben. Ihre Mission sollte sich um Sie selbst, Ihre Liebe und Ihre Verbindung zu Ihrer Zwillingsflamme drehen. Sie haben kein Interesse mehr, Ihre Zeit damit zu verschwenden, andere Menschen um Ihr Leben zu beneiden. Die Welt der Instagram-Berühmtheiten und der ganze emotionale Ballast, den die sozialen Netzwerke mit sich bringen, wird bald so irrelevant sein, dass Sie sich fragen, warum Sie sich überhaupt je für Sie interessiert haben. Sie werden einen Wissensdurst entdecken, der Sie dazu bringt, sich mit wirklich wertvollen Themen zu beschäftigen, die Ihnen am Herzen liegen.

18) **Es wird Sie nicht mehr interessieren, was die Gesellschaft denkt:** Ihr natürlicher Sinn für Stil wird zum Vorschein kommen. Sie passen sich nicht mehr an und sind eher bereit, Ihre schrullige Persönlichkeit auszuleben. Ihre Kleidung wird vielleicht „ausgefallener", und Sie experimentieren mehr mit Ihrem Look.

19) **Sie werden Ihr inneres Kind akzeptieren:** Was haben Sie als Kind gerne gemacht? Tun Sie die Dinge, die sie früher gerne gemacht haben, auch im Erwachsenenalter, vermeiden Sie es, kindische Beschäftigungen ganz aufzugeben. Vielleicht haben Sie als Kind gerne gemalt oder gezeichnet, aber Sie haben heute keine Zeit mehr

dafür. Nehmen Sie sich Zeit. Anstatt sich mit Netflix zu entspannen, nehmen Sie sich einen Skizzenblock zur Hand. Nutzen Sie Ihre Fantasie, um Kunstwerke zu schaffen, die Ihre Persönlichkeit widerspiegeln. Lassen Sie Ihren natürlichen Instinkten freien Lauf.

Kaufen Sie sich Schlittschuhe oder ein Skateboard und probieren Sie ein paar Moves in einem örtlichen Park aus. Wen kümmert es, wenn Sie hinfallen und die Leute über Sie lachen? Tun Sie es einfach! Vergessen Sie die von der Gesellschaft vorgeschriebenen Lehren und wie Sie auf andere Personen wirken. Wenn Sie eine Verbindung mit Ihrer Zwillingsflamme herstellen, sind Sie auch eng mit sich selbst verbunden, so dass alle anderen Meinungen gedämpft werden. Haben Sie jemals bereut, etwas nicht getan zu haben? Dann ist es jetzt an der Zeit, es zu tun. Sie haben alle freie Zeit der Welt, wenn Sie dem Universum erlauben, Ihr Schicksal zu übernehmen, also nutzen sie die Gelegenheit, um geistig und körperlich zu wachsen.

20) **Sie werden wieder lernen, wie man spannende Dinge erlebt:** Wenn Sie das nächste Mal ein Sportereignis oder ein wichtiges kulturelles Ereignis im Fernsehen sehen, denken Sie darüber nach, was dort geschieht. Konzentrieren sich die Menschen auf das, was geschieht, oder sehen Sie nur eine Flut von Smartphones, die versuchen, das Ereignis zu erfassen? Die moderne Gesellschaft ist so sehr auf die Aufzeichnung von Ereignissen und Erfahrungen konzentriert, dass sie vergessen hat, die natürliche Freude und Energie zu genießen, die sie umgibt. Lassen Sie Ihr Gerät zu Hause und gehen Sie hinaus, um die Welt zu erleben. Dann interessiert es Sie auch nicht mehr, wie Ihr Online-Profil aussieht, warum sollten Sie also noch das Bedürfnis haben, alles zu fotografieren? Lassen Sie die Technologie nicht in Ihre Psyche eingreifen. Lassen Sie sie los und nehmen Sie aktiv am Leben teil, anstatt nur ein Zuschauer zu sein.

Wenn Sie sich Ihrem Schicksal hingeben, fühlen Sie sich wie neu geboren. Es ist die höchste Form der Akzeptanz, und Sie erkennen, dass alle Blockaden, die Sie in Ihrem Leben haben, *Ihre Verantwortung* sind. Sie werden damit aufhören, Ihrem Zwilling die Schuld an allem zuzuschieben, und wenn Sie das tun, werden Sie eine reinere Form der Liebe für die Person empfinden. Wenn Sie auf diese Weise an sich arbeiten, werden Sie feststellen, dass die Hindernisse, die Sie von Ihrem Zwilling trennen, mit der Zeit verschwinden. Das Universum wird entscheiden, ob Sie mit einer Wiedervereinigung gesegnet werden sollen, und es wird unermüdlich daran arbeiten, Sie mit Ihrer Zwillingsflamme zusammenzubringen, sofern dies Ihr Schicksal ist.

Kapitel 10: Stufe 7: Zwillingsflammen-Wiedervereinigung oder die „Verbindung"

Das Ende der Reise ist in Sicht. Das glückliche Ende einer Phase, in der Sie beide eins werden und die Welt Sie als Paar akzeptiert. Die Trennung wird für jedes Paar anders verlaufen sein. Ihr Zwilling könnte weggezogen sein und jeglichen Kontakt abgebrochen haben, oder er wohnt zwar noch im selben Haus wie Sie, hat sich aber emotional distanziert.

Vielleicht sind Sie und Ihr Partner schon seit einiger Zeit in einem Kreislauf von Trennung und Wiedervereinigung gefangen. Sie haben vielleicht erschöpfende Zyklen von Drama und Angst erlebt, gefolgt von Liebe und Leidenschaft. Das kann passieren, wenn die beiden Partner sich in unterschiedlichen Stadien des geistigen Wachstums befinden. Leider erreichen manche Paare das Stadium der Wiedervereinigung nicht, weil sie in einer Welt feststecken, die voll mit Menschen ist, die es nicht geschafft haben, aufzusteigen. Wenn Ihnen das passiert, machen Sie sich keine Sorgen; Sie haben noch mehrere Leben vor sich, um sich wieder mit Ihrer Zwillingsflamme zu verbinden.

Das Wichtigste ist, dass Sie sich daran erinnern, dass diese endgültige Vereinigung für jeden einzigartig ist und auf unterschiedliche Zeiträume der Trennung folgen kann. Manche Menschen waren vielleicht jahrelang getrennt, weil sie beide Probleme hatten, mit denen sie fertig werden mussten. Das Leben von Zwillingsflammen ist oft kompliziert, da eine oder beide Hälften des Paares eigene emotionale Probleme haben, die sie von der Bindung abhält.

Zum Glück gibt es einige Hinweise, die darauf hindeuten, dass eine Wiedervereinigung bevorsteht. Wenn Sie das Gefühl haben, dass Ihr Zwilling Ihre Situation verlockend zu finden scheint, dann ist es vielleicht an der Zeit, eine neue Beziehung aufzulösen. Sie werden wissen, wann es an der Zeit ist, zu handeln und Ihre Zweifel und Bedenken zu überwinden. Das kann zu einer Vereinigung zwischen Ihnen beiden führen oder auch nicht. Wie auch immer das Ergebnis ausfällt, wenn die Zeichen auftreten, müssen Sie auf sie darauf reagieren. Was als Nächstes geschieht, wird vom Schicksal bestimmt. Das Endergebnis wird Ihnen in jedem Fall Seelenfrieden geben.

Anzeichen für eine bevorstehende Wiedervereinigung

- **Aufregung**: Fühlen Sie ohne Grund Schmetterlinge im Bauch? Wachen Sie mit einem Gefühl der Aufregung und Vorfreude auf? Diese Zeichen können darauf hindeuten, dass etwas Erstaunliches passieren wird. Ihre Seele ist unglaublich intuitiv, wenn es um Ihre Zwillingsflamme geht, und sie wird spüren, wann sich deren Gefühle verändert haben. Sie haben sich vielleicht schon der Vereinigung hingegeben, aber Sie halten sich noch zurück. Innere Erregung kann der anderen Person signalisieren, dass Sie jetzt wieder zu einer Vereinigung bereit sind.

- **Die Kommunikation zwischen Ihnen beiden ist harmonischer**: Vielleicht gab es Zeiten, in denen Sie nicht mehr miteinander kommunizieren konnten oder sich zerstritten haben. Vielleicht haben Sie den Kontakt ganz verloren. Wenn Sie plötzlich Nachrichten von ihrer Zwillingsflamme in den sozialen Medien finden oder die Person in Ihren Träumen auftaucht, dann ist das ein Zeichen dafür, dass ihr Zwilling wieder Kontakt aufnehmen will. Vielleicht sind Sie beide umgezogen, seit Sie sich das letzte Mal gesehen haben, und wissen nicht, wie Sie physisch in Kontakt treten können. Zwillingsflammen können Tausende von Kilometern voneinander entfernt sein, aber auf der Astralebene sind sie sich immer nahe.

- **Ihre Zwillingsflammenverpflichtungen haben sich mit der Zeit geändert:** Als spirituelle Wesen haben Menschen in Zwillingsflammen-Beziehungen den gemeinsamen Glauben, dass ihre Verbindung nicht mit dem Vertrag einer zweiten Seele auf der Erde vereinbaren lassen sollte. Wenn Ihr Zwilling vor Ihrem Treffen bereits an jemand anderen gebunden war, dann kann das ein Grund für Ihre Trennung sein. Wenn Sie hören, dass sich diese Situation geändert hat, kann das ein Zeichen dafür, dass Ihre Zwillingsflamme zu Ihnen zurückkehren wird. Auch wenn dies das perfekte Ergebnis für Sie beide sein mag, sollten Sie sich darüber im Klaren sein, dass andere Menschen während dieses Prozesses manchmal verletzt werden. Seelische Wunden mögen weniger tief sein als irdische, aber der Trennungsschmerz ist dennoch beträchtlich. Wenn Sie Ihr Leben auf Eis legen, weil Sie ewig darauf warten, dass sich Ihr Zwilling und sein Partner trennen, dann sollten Sie die Beziehung aufgeben und aufhören, über diese Möglichkeit nachzusinnen! Es steht Ihrem Zwilling frei, seine irdische Beziehungen zu verlassen, und es ist ebenfalls seine Entscheidung, in einer Beziehung zu bleiben. Sie können und sollten sich nicht einmischen. Machen Sie mit dem Rest Ihres Lebens weiter und finden Sie Gelegenheiten für eine neue Liebe.

- **Das Prinzip der Reflexion:** Wenn die Gedanken an Ihren Zwilling während Ihrer Trennung in den Hintergrund getreten sind, werden Sie vielleicht überrascht sein, dass Sie in letzter Zeit häufig wieder an die Person denken. Das ist ein Zeichen dafür, dass sich in Ihrer Beziehung etwas verändert hat und dass Sie vielleicht bereit sind, sich zu versöhnen. Das ist das, was der Begriff „Reflexionsprinzip" bedeutet: Wenn sich Ihre Denkmuster verändert haben, dann hat sich auch Ihre Beziehung zu Ihrem Zwilling verändert. Seien Sie sich bewusst, dass Ihr Gegenüber die Zunahme der Intensität der Gefühle genauso stark spürt wie Sie.

Vielleicht stellen Sie sogar fest, dass der Name Ihrer Zwillingsflamme immer wieder auftaucht, wenn Sie sich mit anderen Menschen unterhalten. Wenn Ihre Freunde und Verwandten Sie fragen, wie es Ihrem Zwilling geht, oder ob Sie von ihm gehört haben, nehmen Sie das natürlich zur Kenntnis! Dies ist ein sicheres Zeichen des Universums, dass die Person dazu bestimmt ist, in Ihr Leben zurückzukehren. Die spirituelle Ebene bereitet Sie und Ihren unmittelbaren Bekanntenkreis auf ein Wiedererscheinen vor. Achten Sie auf alte Fotos und Erinnerungen, die Ihren Zwilling in den sozialen Medien zeigen. Facebook-Erinnerungen sind besonders auf Ihre spirituellen Schwingungen abgestimmt und können Sie mit einem Gruß aus der Vergangenheit überraschen.

- **Die Person wird Ihnen erscheinen, während Sie meditieren:** Wenn Sie Anzeichen dafür wahrgenommen haben, dass Ihr Zwilling wieder dazu bereit ist, sich zu vereinigen, Sie sich aber nicht sicher sind, ob dies wahr ist oder pures Wunschdenken, dann versuchen Sie es mit Meditation, um konkretere Antworten zu erhalten. Dieses wirksame Werkzeug ist besonders effektiv, wenn Sie Fragen haben, die mit traditionellen Methoden nicht beantwortet werden können. Schreiben Sie den Zweck Ihrer Meditation auf ein Blatt Papier, bevor Sie mit dem Prozess beginnen. Beginnen Sie nun mit der von Ihnen gewählten Methode der Meditation und richten Sie Ihre Gedanken auf Ihre Zwillingsflamme. Fragen Sie Ihre Zwillingsflamme, ob sie bereit ist, wieder Teil Ihrer Vereinigung zu werden. Fragen Sie die Person, ob Sie sich bald bei Ihnen melden wird, oder ob Sie die Zeichen falsch gedeutet haben? Manchmal werden Sie das Gefühl haben, dass die Antworten, die Sie suchen, jenseits von Ihrem Wirkungsraum liegen, und selbst die Meditation erweist sich als fruchtlos. Machen Sie sich keine Sorgen; die Gründe dafür, dass Sie keine Antworten erhalten, könnten außerhalb Ihrer Kontrolle liegen. Es könnten Hindernisse in Ihnen selbst oder in Ihrem Zwilling bestehen, die den Prozess verzögern. Sie werden immer wieder auf den richtigen Weg gebracht, aber die einschränkenden Barrieren in Ihrer Psyche können diesen Vorgang behindern.

- **Eine unwiderstehliche Anziehungskraft auf Orte und Ereignisse:** Haben Sie das Gefühl, dass das Universum Sie dazu anregt, mehr auszugehen? Dies ist ein häufiges Zeichen dafür, dass bald etwas Entscheidendes passieren wird. Wir haben in anderen Kapiteln darüber gesprochen, wie sich diese Zeichen manifestieren können. Manchmal werden Sie von widersprüchlichen Zeichen überwältigt, denen Sie nur schwer folgen können, oder Sie fühlen sich verlassen und allein, weil Sie keinen Input erhalten. Trösten Sie sich mit der Tatsache, dass das Universum Ihnen ein ständiger Begleiter ist und Ihnen stetig Informationen sendet. Wenn Sie sich auf einer dunklen Straße befinden und das Gefühl haben, dass Ihre Zukunft ungewiss ist, dann braucht es nur ein Licht, das Sie sicher nach Hause führt. Der dunkle Weg Ihrer Zwillingsflammenreise war lang und steinig, aber das Ende ist in Sicht.

Das Universum könnte Sie zum Beispiel zu einem Secondhand-Buchladen führen, in dem Sie einen Hinweis auf ein längst vergessenes Café finden, das Sie einmal besucht haben. Daraufhin besuchen Sie dieses Café erneut und treffen dort zufällig auf einen Freund, der Ihre Zwillingsflamme kennt. Sie treffen sich später in der gleichen Woche, und bei der Gelegenheit taucht auch Ihr Zwilling wieder in Ihrem Leben auf.

Andererseits könnten Sie auch in einen kleinen Autounfall mit einem Mann verwickelt sein, der mit Ihrer Zwillingsflamme zusammenarbeitet. Alle Zufälle führen zu Sie zu Ihrem Zwilling und Sie sind auf dem Weg zu einem Wiedersehen. Es gibt vielerlei verdächtige Zufälle und Wegweiser, die vom Universum geschickt werden, um Sie in die richtige Richtung zu lenken, so dass selbst die schlimmsten Erfahrungen eines Tages zu einem positiven Ergebnis führen können.

- **Innerer Frieden**: Wenn Sie die Phase des Aufgebens erleben, ändern Sie automatisch Ihren Denkprozess. Sie verstehen, dass die meisten Dinge außerhalb Ihrer Kontrolle liegen, und das ist in Ordnung. Wenn Sie aufgeben, ist das Teil des Prozesses. Auch das passive Warten kann Sie auf eine Wiedervereinigung vorbereiten; wenn Sie jedoch paradoxerweise jede Chance auf eine Wiedervereinigung aufgeben, kann auch das ein starkes Zeichen sein. Wenn Sie feststellen, dass Sie alle Gedanken an eine Wiedervereinigung und die Hoffnung auf ein glückliches gemeinsames Leben verlassen haben, befinden Sie sich in einem Zustand der inneren Vollkommenheit. Diese ist auch nach außen hin fühlbar. Wenn Sie erkennen, dass Sie niemanden mehr brauchen, der Sie oder Ihr Leben vervollständigt, ist der wahrscheinlichste Zeitpunkt für eine Wiedervereinigung gekommen.

- **Sie haben das Gefühl, Ihre Zwillingsflamme sei bereits bei Ihnen:** Haben Sie manchmal das Gefühl, dass Ihr Zwilling direkt neben Ihnen sitzt? Ist es so weit gekommen, dass Sie sich zu ihm umwenden, um ein Gespräch zu beginnen, obwohl Sie wissen, dass er meilenweit entfernt ist? Wenn alle Barrieren gefallen sind und Sie beide spirituell bereit sind für ein Wiedersehen, dann werden Sie es auf der Astralebene erleben. Ihr göttliches Timing ist darauf abgestimmt, und das Universum bereitet Sie beide darauf vor. Sie werden vielleicht sogar das Bedürfnis verspüren, Ihr Zuhause so umzugestalten, dass es für Ihre Wiedervereinigung bereit ist. Sie werden instinktiv wissen, ob die Person zu Ihnen kommt oder ob Sie umziehen müssen. Vielleicht sehen Sie sich Immobilien in bestimmten Gegenden an oder suchen nach freien Häusern in anderen Wohngebieten. Sie werden den Geist Ihres Zwillings spüren, der seine Gedanken mit Ihnen teilt, wenn Sie es am wenigsten erwarten, und Sie werden durch seine geistige Präsenz getröstet werden.

- **Sie werden kreativer:** Wenn Sie zum ersten Mal darüber nachdenken, einen Roman zu schreiben, oder wenn Sie häufiger Gedichte lesen, dann könnte eine Wiedervereinigung mit Ihrem Zwilling in Frage kommen. Ihre Seele ist eher an praktischen Dingen interessiert und daran, Ihr Leben zu ordnen und zu organisieren, aber Sie fühlen sich gleichzeitig auch energiegeladen, weil Sie aufgeregt sind. Ihre kreativen Säfte fangen an zu fließen, da Sie sich mehr mit der Natur und deren Schönheit verbunden fühlen. Sie wissen, dass die Welt ein großartiger Ort ist, und Sie werden das überwältigende Verlangen verspüren, ihre Schönheit künstlerisch festzuhalten. Diese kreativen Werke werden Ihnen etwas geben, über das Sie sich mit Ihrem Zwilling austauschen können, wenn Sie wieder zusammenkommt. Sie sind endlich dabei, den höchsten Grad Ihrer Vereinigung zu erreichen, und Sie möchten sich mit positiven Bildern und geeigneter Literatur umgeben.

- **Lernen Sie, wie Zahlen zum Senden spiritueller Nachrichten verwendet werden können:** Spirituelle Botschaften können verschiedene Formen annehmen, aber eine der mächtigsten unter diesen Kommunikationsformen sind Zahlen. Das könnte daran liegen, dass wir im Laufe eines normalen Tages regelmäßig mit numerischen Einflüssen überschwemmt werden.

Ich gebe Ihnen ein paar Beispiele:

- Was brauchen Sie, wenn Sie eine Rechnung online bezahlen? Eine Kundennummer, eine Kartennummer, eine Endsumme, die besagt, wie viel zu zahlen ist, und vielleicht eine Uhrzeit für die Lieferung, All diese Zahlen kommen im täglichen Leben vor und können eine numerische spirituelle Bedeutung haben.

- Was ist das Wichtigste, das Sie auf Reisen beachten müssen? Das ist natürlich die Uhrzeit. Um wie viel Uhr fährt Ihr Zug ab, wie lange dauert die Reise und wann haben Sie Anschluss?

- Einkaufen: Alles, was Sie kaufen, hat einen Geldwert. Jeder Kassenbon enthält eine Vielzahl von Zahlen.

- Gehen Sie ins Fitnessstudio: Wenn Sie glauben, dass Sie Zahlen vermeiden können, während Sie im Fitnessstudio sind, liegen Sie falsch! Sie müssen eine festgelegte Anzahl von Wiederholungen der verschiedenen Übungen absolvieren, und die verschiedenen Übungen sind so konzipiert, dass sie eine bestimmte Zeit lang dauern.

- Während Sie sich entspannen: Selbst die entspannteste Zeit ist ein wichtiger Teil unserer Routine. Um wie viel Uhr läuft Ihr Lieblingsprogramm im Fernsehen? Wie viele Stunden können Sie mit Xbox spielen verbringen?

Ist es da ein Wunder, dass das Universum die Macht der Zahlen nutzt, um uns zu beeinflussen und uns daran zu erinnern, dass es die Oberhand über unser Leben hat? Die Fähigkeit, die Bedeutung der Zahlen zu verstehen ist eine wahre Kunst, die man erlernen muss.

Wie man erkennt, was die Zahlen einem sagen wollen

Manche Menschen nennen die spirituelle Lehre der Zahlen Numerologie, während andere den Prozess als die Engelszahlen bezeichnen. Die Überlegungen hinter den Zahlenfolgen und deren Bedeutung beruhen auf dem geometrischen Plan des Universums. Die spirituellen Führer, die Ihr Leben lenken, kommunizieren ständig mit Ihnen. Sie wissen, dass die spirituelle Reise, auf der Sie sich befinden, besonders wichtig ist. Ihr Zwilling wird ähnliche Hinweise seiner spirituellen Führer erhalten und ebenfalls numerischen Einflüssen ausgesetzt sein.

Hauptzahlen

Die erste der Hauptzahlen ist die 11, die zweite die 22 und die dritte die 33. Sie stehen für die Intuition und Einsicht, die mit Ihrem Unterbewusstsein und Ihrem Bauchgefühl verbunden sind. Diese Zahlen können bei der Zwillingsflammen-Erfahrung eine wichtige Rolle spielen, besonders, wenn es darum geht, sich auf ein Treffen oder eine Wiedervereinigung zwischen Ihnen beiden vorzubereiten. Wahrscheinlich haben Sie das Erscheinen der ersten Hauptzahl, der 11, miterlebt, als Sie in die Sehnsuchtsphase eintraten. Doch während Sie sich auf ein Wiedersehen vorbereiten, werden Sie feststellen, dass diese Zahl erneut eine besondere Rolle in Ihrem Leben spielt.

Die perfekte Engelszahl ist 1111, und sie wirkt wie ein spiritueller Weckruf, mit dem Sie sich auf bedeutsame Ereignisse vorbereiten können. Wenn Sie also in einem Geschäft einkaufen und Ihr Kassenbon eine Folge von 1en zeigt, dann zeigt Ihnen das, dass Sie zu dieser Zeit ein Teil der Energie der Erde sind. Ihr gereinigter Geist befindet sich an einem perfekten Punkt, um den Höhepunkt Ihrer Beziehung zu erreichen. Wenn die Sequenz von der Zahl 5 durchsetzt ist, kann dies ebenfalls von Bedeutung sein und darauf hinweisen, dass positive Zeiten vor Ihnen liegen. Die Zahl 8 bedeutet, dass sich eine positive Gelegenheit für Sie ankündigt.

Auch platonische Beziehungen zwischen Zwillingsflammen können von der Numerologie geleitet werden. Die Hauptzahl 11 kann mit der Zahl 7 kombiniert werden und weist auf eine starke Verbindung hin, die nicht auf Sex oder einer erotischen Anziehung beruht. Die Sequenz 7117 oder 717 kann in einem Zusammenhang mit der Tarotkarte stehen, auf der die Liebenden abgebildet ist. Aber, wie Ihnen Tarot-Leser sagen werden, deutet dies nicht unbedingt auf eine sexuelle Verbindung hin. Die Zahlen 6 und 9 tauchen ebenfalls auf, wenn Sie einen Anstoß brauchen, um Ihren Fokus zu ändern. Die 6 deutet darauf hin, dass Sie sich vielleicht zu sehr auf die negativen Aspekte konzentrieren, während die 9 darauf hindeutet, dass Sie sich zu sehr auf die materiellen Aspekte Ihres Lebens fokussieren. Beide Zahlen deuten darauf hin, dass Sie sich wieder mehr spirituellen Dingen widmen sollten.

Die Hauptzahl 22 wird von Ihren spirituellen Gefährten, um Sie zu mehr Selbstvertrauen zu ermutigen. Sie wird oft als der *Baumeister* bezeichnet und soll Sie dazu ermutigen, Träume in die Realität umzusetzen. Sie soll Sie mit Hoffnung für die Zukunft und einer Zuversicht über das Schicksal Ihrer Beziehung zu erfüllen.

In der Phase der Wiedervereinigung Ihrer Beziehung werden Ihnen Verbindungen mit der Hauptzahl 33 geschickt. Diese wird oft als Oberlehrer bezeichnet und ist noch mächtiger, weil sie eine Kombination aus 11 und 22 ist, was sie auf die höchste Ebene hebt. Die Zahl 33 hat keine bestimmte Botschaft zu übermitteln. Stattdessen ist sie ein Zeichen dafür, dass die gesamte Menschheit im Begriff ist, eine höhere Gefühlsebene zu erleben. Für die Menschen, die auf die Anzeichen einer möglichen Wiedervereinigung warten, ist sie ein Zeichen, dass sie eine höhere spirituelle Ebene erreicht haben. Zeichen der Zahl 33 in Kombination mit wiederkehrenden 11en sind die bedeutendsten Hinweise auf einen spirituellen Anführer, der Ihnen signalisiert, dass die Wiedervereinigung unmittelbar bevorsteht.

Was passiert, wenn Sie Ihre Zwillingsflamme gefunden haben?

Wenn die Trennungsphase vorbei ist und Sie sich beide Ihrer Verbindung hingegeben haben, kann die Wiedervereinigung stattfinden. Diese können Sie weder erzwingen noch vermasseln; alles geschieht einfach, wenn Sie beide für diese Verbindung bereit sind. Sie wissen, dass Sie füreinander bestimmt sind, und Ihr Unterbewusstsein wird langsam mit dem der anderen Person verschmelzen. Sie werden sich der individuellen, expliziten Wahrnehmung des jeweils anderen bewusst sein.

Sie sind sich bei drei Dingen sicher

1) **Die Bedeutung Ihrer Partnerschaft:** Sie beide kennen sich so gut, dass Sie mit Ihren unterschiedlichen Rollen in der Beziehung zufrieden sind. Möglicherweise sind Sie ein typisches Paar aus Mann und Frau, das glaubt, dass Ihr Geschlecht Ihre Rollen in der Beziehung bestimmt. Die Frau sollte demnach für die psychische Gesundheit der Beziehung verantwortlich sein und die Kommunikation zwischen Ihnen beiden initiieren. Der männliche Partner übernimmt die Rolle des Beschützers und ist für das Haus und die Ernährung der Familie zuständig. Weniger konventionelle Paare werden sich wohl genug fühlen, um die Rollen ohne geschlechtsspezifische Einflüsse untereinander aufzuteilen. Dabei ist es wichtig, dass Sie sich in Ihrer Beziehung wohl fühlen und dass Sie ehrlich zueinander sein können.

2) **Wenn Sie zusammenarbeiten, bilden Sie ein unschlagbares Team:** In der Vergangenheit standen Sie mit den höheren Mächten, die Ihre Beziehung beeinflusst haben im Konflikt. Sie haben sich aus einem bestimmten Grund getrennt, und einer der Hauptgründe dabei könnte gewesen sein, dass Sie sich gegen eine Zusammenarbeit mit den höheren Mächten gesträubt haben. Jetzt sind Sie wieder vereint, Sie haben Vertrauen in Ihre individuellen Stärken und wissen, dass Sie unschlagbar sind, wenn Sie am gleichen Strang ziehen.

3) **Sie sind zum Zusammenleben bestimmt:** In der Vergangenheit war es für Sie vielleicht schwierig, mit der anderen Person unter einem Dach zu leben, weil Sie Ihren persönlichen Freiraum brauchten. Mittlerweile könnten Sie mit Ihrer Zwillingsflamme in einem kleinen Schrank leben und trotzdem glücklich sein! Sie haben erkannt, dass jeder Ort, an dem Sie zusammen sind, besser ist als alle anderen Orte auf der Welt. Sie werden nicht mehr darüber streiten, wo Sie leben wollen. Stattdessen werden Sie einfach gemeinsam entscheiden.

Fazit

Sind Sie nun gut auf das Treffen mit Ihrer Zwillingsflamme vorbereitet? Reizt Sie der Gedanke an eine solch intensive Erfahrung, oder zögern Sie noch? Dieses Buch soll Ihnen auf dem Weg zu Ihrer Zwillingsflamme helfen, unabhängig davon, in welchem Stadium sie sich befindet. Hoffentlich hat Ihnen dieses Buch Klarheit darüber verschafft, ob manche Menschen aus einem bestimmten Grund in Ihrem Leben sind und welche von ihnen immer für Sie da sein werden. Im Leben geht es vor allem um die Beziehungen, die wir mit anderen Menschen eingehen. Viel Glück bei dem Versuch, die richtigen Entscheidungen zu treffen, und versuchen Sie, auch in Zukunft nach Zeichen des Universums Ausschau zu halten!

Hier ist ein weiteres Buch von Mari Silva, das Ihnen gefallen könnte

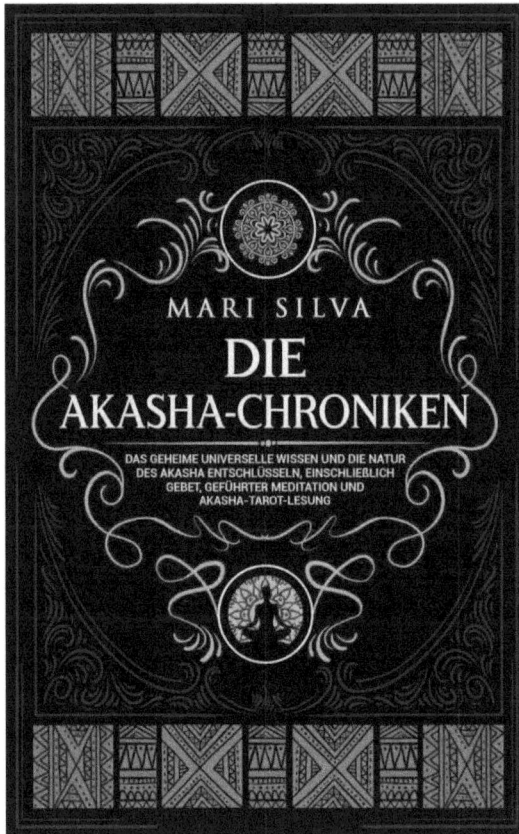

Quellen

A Little Spark of Joy - Everything Tarot and life's Higher Vibes. (n.d.). Retrieved from https://www.alittlesparkofjoy.com/

ASK ANGELS For Help With Any Request! Contact Your Angels. (n.d.). Askingangels.com.

containhe01. (n.d.). Containhe01.

CosmicMinds.com is for sale. (n.d.). HugeDomains. Retrieved from https://www.hugedomains.com/domain_profile.cfm?d=cosmicminds&e=com

Elite Daily. (n.d.). Elite Daily. https://www.elitedaily.com/

Forever Conscious. (n.d.). Forever Conscious. http://www.foreverconscious.com

Hack Spirit. (n.d.). Hack Spirit. Retrieved from https://hackspirit.com/

Home. (n.d.). HipLatina. Retrieved from https://hiplatina.com/

Home - Awake and Align | Beyond Quantum Healing Hypnosis. (n.d.). Awake and Align. Retrieved from https://awakeandalign.com/

My Twin Soul Journal. (n.d.). My Twin Soul Journal. Retrieved from https://mytwinsouljournal.blog/

Nast, C. (n.d.). Allure - Beauty Tips, Trends & Product Reviews. Allure. Retrieved from http://www.allure.com

PowerofPositivity. (n.d.). Power of Positivity: #1 Positive Thinking & Self Help Community. Power of Positivity: Positive Thinking & Attitude. Retrieved from https://www.powerofpositivity.com/

Simply the best online psychic readings available anywhere - Psychic Elements. (n.d.). Psychicelements.com. Retrieved from https://psychicelements.com/

Supernatural Vibrations Home. (n.d.). Supernatural Vibrations.

The Mother Loving Future- Consciousness + Parenting. (n.d.). The Mother Loving Future.

Torgerson, R. (2019). Cosmopolitan.com - The Women's Magazine for Fashion, Sex Advice, Dating Tips, and Celebrity News. Cosmopolitan; Cosmopolitan. http://www.cosmopolitan.com

Twin Flamez – Zero's & One's with some added Two's. (n.d.). Retrieved from https://www.twinflamez.com/

Walk the path less traveled ★ LonerWolf. (n.d.). LonerWolf. Retrieved from http://www.lonerwolf.com

(2021). Orchidrecovery.com

www.ingramcontent.com/pod-product-compliance
Lightning Source LLC
Chambersburg PA
CBHW071901090426
42811CB00004B/692